Werner Fricke

Arbeits- und Zeitwirtschaft verstehen
von den Zeitstudie bis zur Abtaktung

1. Auflage

Bibliografische Information der Deutschen Nationalbibliothek

Die Deutsche Nationalbibliothek verzeichnet diese Publikation in der Deutschen Nationalbibliografie; detaillierte bibliografische Daten sind im Internet über www.dnb.de abrufbar

Herstellung und Verlag: BoD – Books on Demand, Norderstedt

ISBN: 9783743162983

Vorwort

Zeitwirtschaft und Arbeitsplanung sind zentrale Bindeglieder zwischen Verwaltungs- und Vertriebsfunktionen auf der einen Seite und den produzierenden Bereichen auf der anderen Seite. Für die planenden und steuernden Funktionen im Betrieb (PPS, Leitstand) liefern sie die wichtigen Zeit- und Mengendaten, sowie alle zur Fertigung notwendigen Informationen.

In dem vorliegenden Buch sollen die *wesentlichen* Wissensbereiche der Arbeits- und Zeitwirtschaft auf übersichtliche, einfache und verständliche Art beschrieben werden. Es handelt sich hierbei um folgende Bereiche:

- Datenarten
- Daten im Arbeitsstudium
  - Ablaufabschnitte
  - Zeitarten (Ablaufarten im Anhang)
- Leistungsgradbeurteilung
- Zeitaufnahme, Zeitstudie
  - Inhalt und Dokumentation
  - Vorbereitung, Durchführung und Auswertung
  - Mehrplatzstudien
  - videogestützte Studien
  - Verteilzeitstudien
- Multimomentstudie
- Planzeiten
- Vorgänge, Arbeitspläne, Bauteile und Artikel
- Kostenkalkulation
- Aufbau eines Planzeitkatalogs
- Abtaktung von Montagelinien

Dieses Buch soll den Mitarbeitern der verschiedenen Betriebe als Leitfaden für die einzusetzenden Methoden dienen und auch zum allgemeinen Verständnis der Problematik beitragen. Insbesondere soll der Aufbau von Grundlagen zur Produktkalkulation und die damit verbundenen Gegebenheiten der Planzeitbildung für alle verständlich behandelt werden.

Die gezielte und richtige Anwendung der Methoden führt zu einer deutlichen Verbesserung der betrieblichen Abläufe und zu einer genaueren Abschätzung des zeitlichen und damit kostenmäßigen Verhaltens von Prozesselementen.

Schwerte, 2016   Werner Fricke

Inhaltsverzeichnis

1 Einleitung

Für eine effiziente Gestaltung aller betrieblichen Abläufe ist die Ermittlung von Daten und deren zielgerichtete Auswertung unbedingt notwendig. Dabei können die Daten für die unterschiedlichsten Bereiche eines Unternehmens genutzt werden, z.B.:

- Arbeitsstudium
- Technologie von Betriebseinrichtungen
- Betriebsorganisation
- Rechtliche Rahmenbedingungen
- Umweltvorschriften

Für die Erhebung und Auswertung der Daten sind in den meisten Fällen statistische Methoden erforderlich. Das Ziel der Verwendung von statistischen Methoden besteht darin, Behauptungen und Hypothesen zu überprüfen und zu einer rationalen Entscheidungsfindung beizutragen. Grundlage für eine statistische Analyse ist stets eine inhaltlich möglichst genau abgegrenzte Fragestellung und die Beschreibung des Untersuchungsziels. Hierbei spielen auch wirtschaftliche Überlegungen eine Rolle, z.B. wie groß der Aufwand für die Datenerhebung ist, um statistisch gesicherte Aussagen mit einer bestimmten vorgegebenen Genauigkeit zu erhalten.

Im Rahmen des Arbeitsstudiums werden folgende Schwerpunkte unterschieden / 2 /.

Arbeitsgestaltung

Gestaltung von Arbeitsverfahren, Arbeitsmethoden, Arbeitsbedingungen, Arbeitsplätzen, Betriebsmitteln sowie Arbeitsabläufen.

Datenermittlung

Erfassen und Auswerten von Daten innerhalb eines Arbeitssystems, z.B. für Planung, Steuerung, Kontrolle oder Entlohnung.

Kostenrechnung

Aufgabengebiete sind u.a. Kostenartenrechnung, Kostenstellenrechnung und Kostenträgerrechnung.

Anforderungsermittlung und Arbeitsbewertung

Arbeitssystembeschreibung sowie Analyse und Quantifizierung von Anforderungen an den Menschen; Anwendung für Entlohnung, Personalorganisation und Arbeitsgestaltung.

Arbeitsunterweisung

Methodisches Vermitteln von Kenntnissen, Fertigkeiten und Verantwortungsbewusstsein zur Erfüllung von Arbeitsaufgaben.

Im Rahmen des Arbeitsstudiums versteht man unter Datenermittlung die qualitative und quantitative Beschreibung von Arbeitsabläufen.

2 Analyse der Datenarten und deren Beschreibung

2.1 Unterteilung der Daten

Im folgenden Bild sehen wir eine Untergliederung der Datenarten und deren Merkmale:

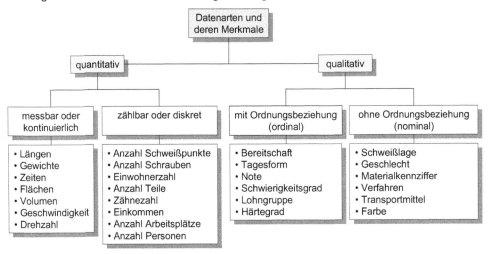

Bild 1: Einteilung der Datenarten und deren Merkmale

Messbare, kontinuierliche oder auch stetige Daten und deren Merkmale können auf einer Skala jeden beliebigen Wert annehmen. Zwischen zwei Werten kontinuierlicher Merkmale liegen theoretisch unendlich viele weitere Werte.

Zählbare, diskrete Daten können auf einer Skala nur ganzzahlige Werte annehmen. Zwischen zwei aufeinander folgenden Werten ist kein weiterer Eintrag möglich. Die Gesamtzahl diskreter Daten kann maximal abzählbar unendlich sein.

Qualitative Daten mit Ordnungsbeziehung (ordinal) unterliegen einer gewissen Rangfolge. Die Abstände zwischen den Werten sind dabei unterschiedlich und nicht interpretierbar. Bei Schulnoten etwa kann man sagen, dass ein „gut" besser ist als ein „befriedigend", der Notenabstand kann jedoch nicht interpretiert werden, weil die Merkmale der Daten nicht eindeutig bestimmten Leistungen zugeordnet werden können.

Qualitative Daten ohne Ordnungsbeziehung (nominal) unterliegen keiner Rangfolge. Es ist nicht möglich, zu sagen, dass die Farbe grün größer oder kleiner ist als die Farbe gelb.

In der Literatur werden quantitative Daten und Merkmale manchmal auch metrisch skalierte Daten genannt. Diese werden teilweise auch noch nach intervall-skalierten (ohne absoluten Nullpunkt) und verhältnisskalierten (mit absolutem Nullpunkt) Daten unterschieden.

Im Rahmen der Übersicht wird auch von Daten und deren Merkmalen gesprochen. Unter Merkmalen versteht man dabei eine erkennbare Eigenschaft, die eine Person oder Sache von anderen unterscheidet / 1 /. Im folgenden zeigen wir Beispiele für Daten und deren Merkmale:

Quantitative Messdaten			
Merkmal	Ausprägung	Einheit	Bezeichnung der Einheit
Geschwindigkeit	123,9	km/h	Kilometer pro Stunde
Gewicht	15,4	N	Newton
Masse	19,5	kg	Kilogramm
Zeit	487,3	HM	Hundertstel Minute
Weglänge	3482	m	Meter
Volumen	3,4	dm³	Dezimeter hoch 3 (Liter)

Quantitative Zähldaten	
Merkmal	Ausprägung
Anzahl Schrauben	5
Anzahl Schweißpunkte	42
Einwohnerzahl	12345
Einkommen	2612
Zähnezahl	14

Qualitative Daten mit Ordnungsbeziehung	
Merkmal	Ausprägung
Schulnote	ungenügend, mangelhaft, ausreichend, befriedigend, gut, sehr gut
Schwierigkeitsgrad	sehr leicht, leicht, mittelschwer, schwer, sehr schwer
Qualität	minderwertig, ausreichend, befriedigend, gut, hochwertig
Lohngruppe	1, 2, 3, 4, 5, 6, 7, 8, 9, 10

Qualitative Daten ohne Ordnungsbeziehung	
Merkmal	Ausprägung
Geschlecht	männlich, weiblich
Material	Aluminium, Stahl, Holz, Stein, Wasser, ...
Wirbeltier	Fische, Amphibien, Reptilien, Vögel, Säugetiere
Transportmittel	Fahrrad, PKW, LKW, Flugzeug, Schiff, Handkarre,...
Geschmack	sauer, süß, bitter, salzig
Sinne	Sehen, Hören, Riechen, Schmecken, Tasten

In vielen Fällen ist eine nähere und eindeutigere Beschreibung der Merkmale erforderlich, um diese so von andern, ähnlichen Merkmalen derselben Sache zu unterscheiden, z.B.: Gesamtlänge der Getriebewelle, Fahrgeschwindigkeit im Eilgang, Flanschdurchmesser, Durchmesser Bohrung, Anzahl Teile im Transportbehälter, Anzahl Radmuttern, Anzahl Bohrungen auf Teilkreis, Schwierigkeitsgrad beim Aufnehmen, Oberflächenqualität, Gehäusematerial, Typ Verpackungskarton, Typ Bearbeitungsmaschine, …

2.2 Veränderliche (variable) und feste (konstante) Daten

Neben der oben beschriebenen Einteilung der Datenarten kann man die Daten noch hinsichtlich folgender Kriterien unterteilen: veränderliche und feste Daten.

Veränderliche Daten:

Veränderliche (variable) Daten können sich im Laufe der Zeit verändern, z.B.: Tagestemperatur, Fahrgeschwindigkeit, Anzahl von Schweißpunkten, Transportweg, Bearbeitungslänge, Zerspanvolumen. Bei den veränderlichen Daten spricht man häufig auch von abhängigen und unabhängigen Variablen. Die abhängige Variable ist in diesem Zusammenhang diejenige, die von einer oder mehreren unabhängigen Variablen abhängt, z.B.:

Abhängige Variable	Unabhängige Variable(n)
Behältervolumen	Länge, Breite und Höhe
Behältervolumen	Höhe und Durchmesser
Füllzeit	Behältervolumen
Fahrzeit	mittlere Geschwindigkeit
Temperatur	Ofenleistung, Wärmeübergang
Bremsweg	Geschwindigkeit, Straßenbelag, Straßenzustand

Wie man sieht, kann eine abhängige Variable (z.B. das Behältervolumen) durchaus auch eine unabhängige Variable für eine andere abhängige Variable sein (Füllzeit).

Feste Daten

Feste (konstante) Daten verändern sich im Laufe der Zeit nicht, z.B.:
Hubzahl einer bestimmten Exzenterpresse, Spitzenhöhe einer bestimmten Drehmaschine, Maximale Bearbeitungslänge einer bestimmten Fräsmaschine, Zugfestigkeit eines Materials.

2.3 Absolute und bezogene (relative) Daten

Als *absolute* Daten bezeichnet man Daten ohne Bezug zu anderen Daten, wie z.B.:
Anzahl Ja-Stimmen, Stückzahl, Länge, …
Unter *bezogenen* (relativen) Daten werden diejenigen verstanden, welche sich auf eine Bezugsgröße beziehen, z.B.: Anzahl Ja-Stimmen / Anzahl Gesamtstimmen, Stückzahl / Zeit, Länge / Zeit.

3 Daten im Arbeitsstudium

3.1 Ablaufabschnitte

Im Rahmen des Arbeitsstudium steht die Beschreibung der betrieblichen Abläufe mit den zugehörigen Randbedingungen im Vordergrund. Um nun einen betrieblichen Ablauf als Ganzes zu beschreiben, kann dieser in mehrere Teile untergliedert werden:

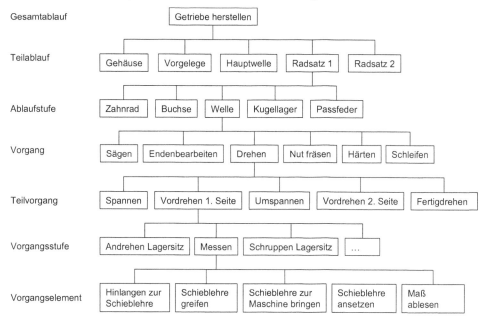

Bild 2: Beispiel für die Gliederung eines Arbeitsablauf (nach REFA)

Der Gesamtablauf wird also in verschiedene **Ablaufabschnitte** untergliedert, wobei je nach Größe und Inhalt der Bausteine folgendes unterschieden wird / 2 / :

Makroabläufe: Gesamtablauf   Teilablauf   Ablaufstufe   Vorgang
Mikroabläufe: Vorgang   Teilvorgang   Vorgangsstufe   Vorgangselement

Wie wir sehen, wird der Ablaufabschnitt „Vorgang" sowohl zu den Makro- als auch zu den Mikroabläufen gezählt. Im Folgenden wollen wir die Arten von Ablaufabschnitten vorstellen:

3.1.1 Vorgangselement

Dies sind Ablaufabschnitte, die weder in ihrer Beschreibung noch in ihrer zeitlichen Erfassung weiter unterteilt werden. Man kann sie auch als die Grundelemente eines Arbeitsablaufs bezeichnen. Je nachdem, ob die Vorgangselemente vom Menschen oder von einer Maschine ausgeführt werden, wird folgendes unterschieden:

Bewegungselemente: Dies sind vom Menschen ausgeführte Grundbewegungen, z.B.:
- Hinlangen zur Unterlegscheibe
- Greifen der Unterlegscheibe
- Bringen der Unterlegscheibe zur Schraube
- Fügen der Unterlegscheibe auf Schraube
- Loslassen der Unterlegscheibe

Die Zerlegung des Arbeitsablaufs in Bewegungselemente ist die Grundlage der Systeme vorbestimmter Zeiten (SvZ). In Deutschland ist das MTM-System (methods-time measurement) am verbreitetsten. Im Grundverfahren werden folgende Elemente unterschieden:

Hinlangen	– R (Reach)	Drücken	– AP (Apply Pressure)
Greifen	– G (Grasp)	Trennen	– D (Disengage)
Loslassen	– RL (Release)	Drehen	– T (Turn)
Bringen	– M (Move)	Körper-, Bein- und Fußbewegungen	
Fügen	– P (Position)	Blickfunktionen	– ET: Eye Travel, EF: Eye Fokus

Prozesselemente: Dies sind von Maschinen ausgeführte Grundvorgänge, z.B.:
Pressenhub, Eckenpause beim Laserschneiden, Biegevorgang, Positioniervorgang, …

3.1.2 Vorgangsstufe

Eine Vorgangsstufe enthält eine in sich abgeschlossene Folge von Vorgangselementen:

Vorgangstufe	Vorgangselemente	Beschreibung
Unterlegscheibe montieren	Hinlangen	zur Unterlegscheibe
	Greifen	Unterlegscheibe
	Bringen	Unterlegscheibe zur Schraube
	Fügen	Unterlegscheibe auf die Schraube
	Loslassen	Unterlegscheibe
Teil Stanzen	Hinlangen	zum Stanzteil
	Greifen	Stanzteil
	Bringen	Stanzteil zur Vorrichtung
	Fügen	Stanzteil in Vorrichtung
	Loslassen	Stanzteil
	Hinlangen	zum Auslöser
	Drücken	Auslöser
	Pressenhub	Prozesselement
	…	…

Wie man sieht, gehören zu einer Berechnung auf Basis Vorgangsstufe noch zusätzliche Beschreibungen, damit man erkennen kann worauf sich das Vorgangselement bezieht.

3.1.3 Teilvorgang

Ein Teilvorgang besteht in der Regel aus mehreren Vorgangsstufen. In manchen Fällen kann ein Teilvorgang aus nur einer Vorgangsstufe bestehen, wie das Beispiel „Teil Stanzen" anschaulich belegt. Teilvorgang und Vorgangsstufe sind in diesem Fall identisch. Die Größe eines Teilvorgangs ist nicht eindeutig festgelegt und hängt davon ab, wie man zweckmäßig einen Vorgang in Teilvorgänge unterteilt. Beispiele für Teilvorgänge und deren Vorgangsstufen:

Teilvorgang	Vorgangsstufen	Vorgangselemente
Werkstück in	Spannfutter lösen	Hinlangen zum Spannschlüssel
Spannfutter wechseln		Greifen Spannschlüssel
		…
		Loslassen Spannschlüssel
	Werkstück entnehmen	Hinlangen zum Werkstück
	und ablegen	Greifen Werkstück
		…
		Loslassen Werkstück
	…	
	Spannfutter festziehen	Hinlangen zum Spannschlüssel
		Greifen Spannschlüssel
		…
		Loslassen Spannschlüssel
Blech biegen	Teil in Biegevorrichtung	Hinlangen zum Teil
	gegen Anschlag positionieren	Greifen Teil
		Bringen Teil
		…
		Drücken Auslöser
	Biegevorgang	Prozesselement
	Teil drehen 180°	Hinlangen zum Teil
		Drehen Teil (180°)
		…
		Drücken Auslöser
	Biegevorgang	Prozesselement
	Teil drehen 90°	Hinlangen zum Teil
		…
		Drücken Auslöser
	Biegevorgang	Prozesselement
	Teil drehen 180°	s.o.
	Biegevorgang	s.o.
	Teil ablegen	s.o.

Wie man sieht, können einzelne Vorgangsstufen mehrfach in einem Teilvorgang vorkommen, wie oben z.B. der „Biegevorgang" und das „Teil drehen 180°". In diesen Fällen kann man auch einen entsprechenden Faktor eintragen, z.B.:

Vorgangsstufe	Häufigkeit
Biegevorgang	4x
Teil drehen 180°	2x

3.1.4 Vorgang

Ein Vorgang besteht in der Regel aus mehreren Teilvorgängen, aber auch er kann nur einen einzigen Teilvorgang enthalten. In diesem Fall sind Vorgang und Teilvorgang identisch. Als Beispiele dienen uns hier die Vorgänge „Teil Stanzen" und „Blech biegen". Im Fall „Teil Stanzen" sind sogar Vorgang, Teilvorgang und Vorgangsstufe identisch.

Ein Vorgang ist dadurch gekennzeichnet, dass bei seiner Ausführung eine komplette Einheit (Werkstück, Gebinde, …) mit dem entsprechenden Arbeitsverfahren fertiggestellt wird. Ein Vorgang wiederholt sich also so oft, wie es die zugehörige Auftragsmenge **m** vorgibt.

Betrachten wir z.B. den Gesamtablauf „Getriebe herstellen". Angenommen, der Kunde hat m=20 Stück des entsprechenden Getriebes bestellt, dann muss natürlich der Teilablauf „Radsatz 1" genau 20 mal durchlaufen werden. Ebenso muss auch die Ablaufstufe „Welle für Radsatz 1" genau 20 mal durchlaufen werden. Somit müssen für die Wellen die Vorgänge Sägen, Endenbearbeiten, Drehen, Nut fräsen und Schleifen jeweils m=20 mal durchlaufen werden.

Warum haben wir hier auf die Erwähnung des Vorgangs „Härten" verzichtet?
Da die besagten Wellen mit dem Verfahren „Einsatzhärten" behandelt werden, wird nicht jedes Teil einzeln gehärtet, sondern es werden mehrere Wellen zu einer Charge zusammengefasst, die anschließend die für das Härten erforderlichen Prozesse durchläuft. In diesem Zusammenhang kann man folgende Fälle unterscheiden:

Die Chargenmenge ist größer oder gleich der Auftragsmenge:
Der Vorgang „Härten" wird mit seinen Teilvorgängen lediglich einmal durchlaufen und wird mit einem Teiler (der Bezugsmenge) belegt, der gleich der Chargenmenge ist.

Die Chargenmenge ist kleiner als die Auftragsmenge:
Der Vorgang „Härten" wird mit seinen Teilvorgängen so oft durchlaufen, bis sämtliche Teile des Auftrags gehärtet sind. Jeder Härtevorgang wird mit einem Teiler (der Bezugsmenge) belegt, der gleich der Chargenmenge ist.

Es kann aber auch passieren, dass in einem Teilablauf (z.B. Radsatz 1) mehrere identische Ablaufstufen (z.B. Welle) enthalten sind. Ist **n** die Anzahl der identischen Ablaufstufen, dann wird jeder Vorgang n * m vorkommen. Ist im Beispiel „Getriebe herstellen" eine identische Welle drei mal im Radsatz enthalten, so wird bei einer Auftragsmenge von m=20 jeder Vorgang 3 * 20 = 60 mal ausgeführt. Die entsprechende mittlere Vorgangszeit wird dann mit einem Teiler (Bezugsmenge) belegt, der gleich dem Kehrwert von n ist, also mit **1/n**.

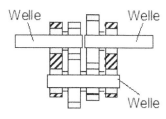

Radsatz Welle bearbeiten	Häufigkeit je Radsatz	Anzahl Getriebe = 20 Häufigkeit je Auftrag
Sägen	3	3 x 20 = 60
Endenbearbeiten	3	3 x 20 = 60
Drehen	3	3 x 20 = 60
...	...	...

Bild 3: Radsatz mit 3 identischen Wellen

Beträgt die mittlere Zeit für den Vorgang „Sägen" z.B. 500 HM, so muss durch die Bezugsmenge 1/3 dividiert werden. Also berechnet sich die Sägezeit je Getriebe wie folgt:

$$\text{Zeit Sägen Getriebe} = \frac{\text{Zeit Vorgang Sägen}}{\frac{1}{n}} = n \cdot \text{Zeit Vorgang Sägen} = 3 \cdot 500\,\text{HM} = 1500\,\text{HM}$$

Beispiele für Vorgänge

Vorgang	Teilvorgang	Bezugsmenge
Welle sägen	Profil holen und ablegen	Teile je Profil
	Profil nachschieben gegen Anschlag	1
	Profil spannen	1
	Sägevorgang (Prozesselement)	1
	Werkstück entnehmen und ablegen	1
	Restprofil wegbringen	Teile je Profil
Zuschnitt	Teil in Vorrichtung einlegen	1
	Teil zuschneiden nach Zeichnung	1
	Teil ablegen	1
	Material Nachschub holen	Anzahl Teile
Biegen	Teilevorrat bereitlegen	Anzahl Teile
	Blech biegen	1
	Fertigteile wegbringen	Anzahl Teile

Ein Vorgang (auch Arbeitsvorgang oder Arbeitsgang) wird mit seinen Daten in Arbeitsplänen zur Beschreibung einer Arbeitsaufgabe dokumentiert und dient als Grundlage für die Terminierung von Aufträgen im Rahmen der Produktionsplanung und -steuerung (PPS).

Mit einem Vorgang wird häufig auch ein bestimmtes Arbeitsverfahren oder eine bestimmte Technologie assoziiert, wie z.B.:

Trennen / Zerteilen:	Stanzen, Brennschneiden, Laserschneiden, ...
Trennen / Spanen:	Sägen, Bohren, Drehen, Fräsen, Schleifen, ...
Umformen:	Gesenkbiegen, Stanzen, Gesenkschmieden, Walzen, ...
Urformen:	Gießen, Sintern, ...
Fügen:	Schweißen, Heften, Löten, Nieten, ...
Beschichten:	Lackieren, Pulverbeschichten, Verzinken, ...
Stoffeigenschaft ändern:	Härten, Vergüten, Anlassen, Glühen, …

3.1.5 Ablaufstufe

Eine Ablaufstufe ist eine Folge von Vorgängen, die zur kompletten Herstellung eines Werkstücks erforderlich ist:

Ablaufstufe	Vorgänge	Ablaufstufe	Vorgänge
Zahnrad	Sägen	Buchse	Sägen
	Drehen		Drehen
	Nut räumen		Entgraten
	Fräsen		
	Entgraten		
	Härten		
	Schleifen		
Ablaufstufe	**Vorgänge**	**Ablaufstufe**	**Vorgang**
Welle	Sägen	Kugellager	Beschaffung
	Endenbearbeiten		Kontrolle
	Drehen	**Ablaufstufe**	**Vorgang**
	Nut Fräsen	Passfeder	Ablängen
	Härten		Fräsen
	Schleifen		Entgraten

3.1.6 Teilablauf

Ein Teilablauf besteht aus einer Folge von Ablaufstufen, die zur Herstellung eines Bauteils oder einer Baugruppe erforderlich ist, z.B.:

Teilablauf	Ablaufstufen	Teilablauf	Vorgänge
Gehäuse	Modellbau	Hauptwelle	Sägen
	Kernmacherei		Drehen
	Formerei		Entgraten
	Gießen Putzen		
	Bearbeiten		
Teilablauf	Ablaufstufen	Teilablauf	Ablaufstufen
Vorgelege	Welle 1	Radsatz	Zahnrad
	Zahnrad 1		Buchse
	Welle 2		Welle
	Zahnrad 2		Kugellager

Es kann vorkommen, dass zu einem Teilablauf keine Ablaufstufen, sondern nur Vorgänge existieren.

3.1.7 Gesamtablauf

Hierunter versteht man sämtliche Arbeitsschritte, die zur Herstellung eines Erzeugnisses oder Artikels erforderlich sind, z.B.:

Gesamtablauf	Teilablauf	Gesamtablauf	Teilablauf
Getriebe	Gehäuse	Elektromotor	Gehäuse
	Vorgelege		Stator
	Hauptwelle		Rotor
	Radsatz		
Gesamtablauf	Teilablauf	Gesamtablauf	Teilablauf
Podest	Bodenblech	Tisch	Platte
	Trittblech		Tischbein
	Vorderseite		Streben
	Rückseite		Seitenwangen
	Schweißen		Stirnwangen
	Beschichten		Montage
			Beschichten

3.2 Ablaufarten

Die Definition nach REFA / 2 / lautet:

„Ablaufarten sind Bezeichnungen für das Zusammenwirken von Mensch und Betriebsmittel mit der Eingabe eines Arbeitssystems."

Auf die Ablaufarten wollen wir hier nur kurz eingehen, weil sich diese in ähnlicher Art in den Zeitarten wiederfinden.

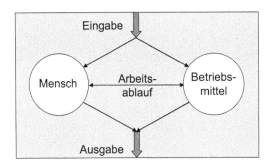

Unter „Eingabe" versteht man in diesem Zusammenhang alle Objekte, die für die Erfüllung der Arbeitsaufgabe verwendet werden.

Das können z.B. Rohstoffe, Halbfabrikate, Arbeitsanweisungen, Zeichnungen, Arbeitsplan oder Energie sein.

Bild 4: Das Arbeitssystem (nach REFA)

Da nach REFA die mit Zeiten versehenen Ablaufarten identisch mit den Zeitarten sind, wollen wir hier auf eine weitere Erläuterung verzichten und auf die entsprechende Literatur verweisen / 2 /. Eine ausführliche Gegenüberstellung der Ablaufarten und der Zeitarten befindet sich im Anhang.

3.3 Zeitarten

Bei der Betrachtung des Arbeitssystems unterscheidet man Zeitarten für:

- den Menschen
- die Maschine oder das Betriebsmittel
- den Arbeitsgegenstand oder das Material

3.3.1 Zeitarten für Mensch und Maschine

Die folgende Abbildung zeigt die Gliederung der Zeitarten für den Menschen:

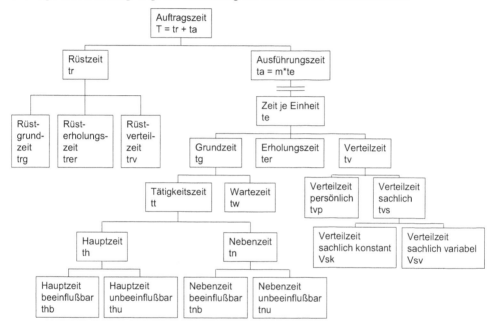

Bild 5: Einteilung der Zeitarten für den Menschen

Bevor wir die einzelnen Zeitarten beschreiben, wollen wir die folgenden vier Begriffe näher untersuchen:

- Beeinflussbare Tätigkeiten
- Unbeeinflussbare Tätigkeiten
- Haupttätigkeiten
- Nebentätigkeiten

3.3.1.1 Beeinflussbare Tätigkeiten

Man spricht von beeinflussbaren Tätigkeiten, wenn die Ausführungszeit durch die Arbeits-geschwindigkeit des Menschen (Intensität und Wirksamkeit) voll beeinflusst werden kann. Beispiele:

- Sägen mit einer Handbügelsäge
- Bohren mit Handbohrer
- Feilen mit Handfeile
- Zuschnitt mit Handschere
- Etikett aufkleben
- Teil lackieren
- Hemd bügeln
- Zeitschaltuhr anschließen

Als beeinflussbar gelten auch Tätigkeiten, die nur bedingt beeinflussbar sind. Hierbei kann die Ausführungszeit nur in gewissen Grenzen beeinflusst werden, wobei diese Grenzen durch das Arbeitsverfahren und dessen physikalische, chemische oder physiologische Eigenschaften gesetzt werden.

Weil das Thema der bedingten Beeinflussbarkeit immer wieder zu teilweise konträren Diskussionen führt, möchte ich hier ein wenig näher darauf eingehen:

Betrachten wir z.B. das Bügeln eines Leinentuchs mit einem gewöhnlichen Bügeleisen. Man stellt am Eisen die korrekte Temperatur (Maximalhitze) ein und fährt mit den Eisen in gleichmäßigen Schwüngen über das Tuch. Man kann die Bewegungsgeschwindigkeit dabei so regulieren, dass man jeden Bereich des Tuchs nur einmal überfährt und danach die gewünschte Bügelqualität gerade erreicht. Wenn das gelingt, dann hat man die für die Bearbeitung optimale Einstellung gefunden. Würde man nur geringfügig schneller bügeln, dann müsste man dieselbe Stelle ein zweites mal überstreichen. Wenn nun die Arbeitsperson – der Bügler – eine langsamere Bewegungsgeschwindigkeit wählt, dann wird das Tuch zwar auch glatt, aber die benötigte Bügelzeit verlängert sich. Es wird Zeit verschenkt. Wenn nun die Verringerung der Bewegungsgeschwindigkeit immer weiter getrieben wird, dann kommt es irgendwann zu Verbrennungen (braunen Flecken) im Tuch. Dies ist eindeutig die Untergrenze für die Bewegungsgeschwindigkeit. Langsamer kann man also nicht arbeiten, ohne das Tuch zu zerstören.

Anders herum kann der Bügler auch seine Bewegungsgeschwindigkeit erhöhen. Dies hat zur Folge, dass die gerade überstrichene Fläche nicht richtig glatt wird. Der Bügler muss diese Fläche also mindestens eine zweites mal überstreichen. Hinzu kommt, dass die Fläche bis zum zweiten Überstreichen wieder abkühlt, so dass die Stelle erneut aufgeheizt werden muss, was insgesamt zu einer längeren Bügelzeit führt. Wird die Bewegungsgeschwindigkeit weiter gesteigert, muss mehrfach überstrichen werden, was die geschilderten Effekte weiter verstärkt. Eine Erhöhung der Bewegungsgeschwindigkeit über das optimale Maß hinaus führt also zu längeren Bearbeitungszeiten. Ein geübter Zeitstudienmitarbeiter sollte diese Zusammenhänge erkennen und die Studie unterbrechen.

Eine weitere Möglichkeit, die Bearbeitungszeiten zu verändern besteht darin, den Temperaturregler auf eine niedrigere Temperatur einzustellen, was natürlich zu einer verlängerten Bügelzeit führt. Im Extremfall kann man das Bügeleisen ganz ausschalten und so eine nahezu unendlich lange Bearbeitungszeit erreichen. Man kann nun fragen, ob eine derartige Manipulation auch unter dem Begriff „beeinflussbar" geführt werden soll. Diese Frage ist eindeutig zu verneinen, denn die ausgeführten Arbeiten sollen immer bei optimal eingestelltem Betriebsmittel (hier Bügeleisen) ausgeführt werden.

Abschließend bleibt noch zu bemerken, dass eine geringfügige Erhöhung der Bearbeitungstemperatur über das Optimum hinaus zwar zu einer Verkürzung der Bearbeitungszeit führt, aber letztendlich Langzeitschäden am Bügelgut nicht vermieden werden können. Die Obergrenze liegt in diesem Fall natürlich in der Zerstörung des Bügelguts schon nach kurzer Berührung. All dies gilt insbesondere auch für die Werkzeuge von Bearbeitungsmaschinen, die durch überhöhte Bearbeitungsgeschwindigkeiten extrem schnell verschleißen, so dass der Vorteil einer verkürzten Bearbeitungszeit schnell wieder aufgezehrt wird.

3.3.1.2 Unbeeinflussbare Tätigkeiten

Wir verstehen darunter Tätigkeiten, deren Ausführungszeit durch die Arbeitsgeschwindigkeit des Menschen (Intensität und Wirksamkeit) nicht beeinflusst werden können.
 Beispiele:
- Überwachung automatisch ablaufender Maschinenprozesse
- Ausschütten einer Flüssigkeit aus einem Behälter
- Transportprozesse mit vorgegebener Geschwindigkeit

3.3.1.3 Haupttätigkeit - Hauptzeit

Unter einer Haupttätigkeit versteht man eine planmäßige, unmittelbar der Erfüllung der Arbeitsaufgabe dienende Tätigkeit. Im engeren Sinne versteht man darunter die direkte Veränderung der stofflichen Eigenschaften des Arbeitsgutes, z.B.:
Trennen (Drehen, Bohren, Fräsen, Schleifen, Stanzen, Laserschneiden, …)
Umformen (Schmieden, Biegen, Tiefziehen, Drücken, Bügeln, ...)
Urformen (Spritzgießen, Stranggießen, Stahlgießen,...)
Stoffeigenschaft ändern (Härten, Anlassen, Normalglühen, …)
Beschichten (Lackieren, Galvanisieren, Verzinken, …)

Betrachten wir in diesem Zusammenhang das Schmieden, dann fällt auf, dass während eines Großteils der angeblichen Hauptzeit keine Veränderung des Arbeitsguts stattfindet.

Ein Beispiel: der Arbeitshub beginnt mit dem Auslösen durch den Werker. Danach wird der Bär (Oberwerkzeug) nach unten beschleunigt und triff nach ca. 0,8 HM auf das Arbeitsgut. Nach ca. 0,9 HM ist der Umformvorgang beendet und es beginnt das Hochfahren des Bärs in die obere Ausgangsposition. Dies dauert ca. 1,4 HM. Nach insgesamt 3,1 HM ist der Arbeitshub beendet.

Die wirkliche Stoffveränderung findet also lediglich in einem Drittel der Gesamtzeit des Arbeitshubs statt. Trotzdem wird in solchen und ähnlichen Fällen der gesamte Arbeitshub als Hauptzeit bezeichnet. Noch extremer wird es beim Stanzen eines Lochbildes bei einer Stanz-Nibbel-Maschine. Hier liegt der Anteil der direkten Eingriffzeit teilweise bei unter 10%, trotzdem wird der Gesamtablauf als Hauptzeit betrachtet.

Im weiteren Sinne versteht man unter Hauptzeiten auch Tätigkeiten, die der Auftragserfüllung direkt dienen. Betrachtet man diese Definition, dann sind damit alle Tätigkeiten gemeint, die das Bearbeitungsgut dem Auftragsziel unmittelbar näher bringen. Zum Beispiel kann das Bewegen eines Gegenstandes von A nach B eine Haupttätigkeit sein, wenn das Auftragsziel das Beladen einer Palette beim Kommissionieren ist. Auch der Transport einer Palette von A nach B ist für den Transportarbeiter eine Haupttätigkeit, sowie das Verfassen eines Schriftstücks, z.B. eines Artikels für die Tageszeitung, oder das Zustellen eines Briefes durch den Briefträger.

In diesem weiteren Sinne sind natürlich auch sämtliche Montagetätigkeiten als Hauptzeiten anzusehen.

3.3.1.4 Nebentätigkeit - Nebenzeit

Die Nebentätigkeit ist eine planmäßige, nur mittelbar der Erfüllung der Arbeitsaufgabe dienende Tätigkeit. Im engeren Sinne versteht man darunter auch das Verbringen des Arbeitsguts in die korrekte Arbeitsposition, z.B.:

- Werkstück einspannen zur spanenden Bearbeitung
- Werkstück in Schmiedegesenk einlegen
- Werkstück gegen Anschlag positionieren

Aber auch das Entnehmen des Arbeitsgegenstandes aus dem Bearbeitungsraum wird im engeren Sinne als Nebentätigkeit verstanden, z.B.:

- Werkstück ausspannen nach spanender Bearbeitung
- Werkstück aus Schmiedegesenk entnehmen
- Werkstück auf Palette ablegen

Im <u>weiteren</u> Sinne versteht man unter Nebentätigkeiten auch Tätigkeiten, die der Auftragserfüllung indirekt dienen. Betrachtet man diese Definition, dann sind damit alle Tätigkeiten gemeint, die das Bearbeitungsgut dem Auftragsziel nicht unmittelbar näher bringen, aber für die Auftragserfüllung notwendig sind. Zum Beispiel ist das Auflegen einer Palette auf das Kommissionierfahrzeug eine Nebentätigkeit, weil ohne die Palette keine Güter kommissioniert werden können.

<u>Überschneidungen zwischen Haupt- und Nebenzeiten bzw. -tätigkeiten</u>

In manchen Fällen kann ein und dieselbe Tätigkeit sowohl als Haupt- als auch als Nebentätigkeit angesehen werden. Betrachten wir z.B. den Transport eines Teiles von A nach B. Falls diese Tätigkeit für die Beschickung einer Produktionsmaschine erforderlich ist, dann handelt es sich eindeutig um eine Nebentätigkeit, denn die eigentliche Haupttätigkeit wird von der Maschine ausgeführt. Anders sieht es aus, wenn diese Tätigkeit im Rahmen eines Kommissioniervorgangs durchgeführt wird. Es handelt sich dann um das Verbringen eines Kommissionierguts vom Regal zur Palette, also um eine planmäßige, unmittelbar der Erfüllung der Arbeitsaufgabe dienende Haupttätigkeit.

Ob also eine Tätigkeit, die nicht eine Hauptzeit im engeren Sinne ist, als Haupt- oder als Nebenzeit anzusehen ist, hängt von dem eigentlichen Arbeitsauftrag ab.

3.3.1.5 Definitionen der verschiedenen Zeitarten

3.3.1.5.1 Hauptzeit

thb – Hauptzeit beeinflussbar

Eine planmäßige, unmittelbar der Erfüllung der Arbeitsaufgabe dienende Tätigkeit, welche durch die Arbeitsperson voll oder bedingt beeinflusst werden kann.

thu – Hauptzeit unbeeinflussbar

Eine planmäßige, unmittelbar der Erfüllung der Arbeitsaufgabe dienende Tätigkeit, welche durch die Arbeitsperson nicht beeinflusst werden kann.

th = thb + thu → die Summe der Hauptzeiten

Da Hauptzeiten oder Haupttätigkeiten das Bearbeitungs- Produktions- oder Logistikgut im Sinne des Auftrags verändern, handelt es sich um wertschöpfende Tätigkeiten, die man durch geeignete Optimierung der Prozesse zwar verringern, aber nie ganz vermeiden kann.

3.3.1.5.2 Nebenzeit

tnb – Nebenzeit beeinflussbar

Eine planmäßige, mittelbar der Erfüllung der Arbeitsaufgabe dienende Tätigkeit, welche durch die Arbeitsperson voll oder bedingt beeinflusst werden kann.

tnu – Nebenzeit unbeeinflussbar

Eine planmäßige, mittelbar der Erfüllung der Arbeitsaufgabe dienende Tätigkeit, welche durch die Arbeitsperson nicht beeinflusst werden kann.

$tn = tnb + tnu$ → die Summe der Nebenzeiten

Da die Nebenzeiten oder Nebentätigkeiten das Bearbeitungs-, Produktions- oder Logistik-gut nicht im Sinne des Auftrags verändern, handelt es sich um nicht-wertschöpfende Tätig-keiten. Auch diese kann man durch geeignete Maßnahmen zur Optimierung der Prozesse zwar verringern, aber nie ganz vermeiden.

3.3.1.5.3 Tätigkeitszeit

Dies ist die Summe aller Haupt- und Nebenzeiten:

$tt = th + tn = thb + thu + tnb + tnu$

3.3.1.5.4 Wartezeit

tw – ablaufbedingte Wartezeit

Unter Wartezeit versteht man das ablaufbedingte Unterbrechen der Tätigkeitszeit. Diese Unterbrechungen können einerseits durch physikalische oder chemische Prozesse und an-dererseits durch Maschinen- oder Betriebsmittelprozesse hervorgerufen werden.

Beispiele:

- <u>Warten auf Klebeprozess</u>: Nach dem Auftragen mancher Kleber muss eine Weile gewartet werden, bis die Klebestellen aneinander gepresst werden dürfen.

- <u>Warten auf das Anziehen von Speis</u>: Hat man Mörtel zu Speis angerührt, so muss man anschließend ca. 5 – 10 Minuten warten, bis der Speis verarbeitungsfähig ist.

- <u>Warten auf Drehprozess:</u> Der Dreher hat den Drehmeißel angesetzt und den Längsvorschub eingeschaltet. Nun muss der selbsttätige Drehvorgang abgewartet werden.

- <u>Warten auf CNC-Bearbeitung:</u> Der Maschinenbediener hat das Werkstück korrekt eingelegt und den Bearbeitungsprozess ausgelöst. Anschließend wird der Bearbei-tungsprozess abgewartet.

- <u>Warten auf Kopiervorgang:</u> Nachdem das Original in den Kopierer eingelegt und der Kopiervorgang gestartet wurde, wird dessen Ende abgewartet.

Nutzung der Wartezeit für andere Tätigkeiten

Im wesentlichen handelt es sich bei Wartezeiten um unproduktive Zeiten. Wenn der zur Wartezeit führende Prozess nicht überwacht werden muss, kann man darüber nachdenken, die Wartezeit anderweitig zu nutzen. Wenn z.B. der CNC-Prozess läuft, kann während dieser Zeit das vorher bearbeitete Werkstück gereinigt und entgratet werden. Dauert die Wartezeit lange genug, kann die Arbeitsperson auch eine zweite Maschine bedienen und bei noch längerer Dauer auch eine dritte usw. Dabei ist jedoch immer darauf zu achten, dass durch diese Mehrmaschinenbedienung auch die Wahrscheinlichkeit von Maschinenstillständen größer wird. Da derartige Maschinen in der Regel sehr hohe Maschinenstundensätze haben, können die Gesamtkosten hierdurch steigen.

Anrechnung der Wartezeit auf Erholungszeiten

Können Wartezeiten nicht anderweitig genutzt werden, so kann man darüber nachdenken, diese Zeiten auf eine etwaig zu gewährende Erholungszeit anzurechnen. Dies kann man natürlich nur dann in Erwägung ziehen, wenn die Wartezeit tatsächlich zur körperlichen Erholung genutzt werden kann.

Andere Wartezeiten

Neben dem ablaufbedingten Unterbrechen der Tätigkeitszeit gibt es auch Wartezeiten, die zufällig auftreten. Hierunter fallen z.B. alle störungsbedingte Unterbrechungen, die durch ein Versagen der am Arbeitsprozess beteiligten Betriebsmittel hervorgerufen werden. Wenn die Störung des Prozesses nicht durch die Arbeitsperson selbst behoben werden kann, dann muss die Arbeitsperson so lange warten, bis die Störung durch eine dritte Person beseitigt wurde. Dies wird als sogenannte sachliche Verteilzeit oder als zusätzlich abzurechnende Zeit behandelt.

Auch wenn die Arbeitsperson die Störung selbst beheben kann, wird dies als sachliche Verteilzeit behandelt. Dauert die Störungsbeseitigung zu lange, dann gilt diese Zeit auch als zusätzlich abzurechnende Zeit.

3.3.1.5.5 Grundzeit

Dies ist die Summe aller Tätigkeits- und Wartezeiten

$$t_g = t_t + t_w = t_h + t_n + t_w = t_{hb} + t_{hu} + t_{nb} + t_{nu} + t_w$$

3.3.1.5.6 Erholungszeit ter

Diese Zeiten sind erforderlich, damit die Arbeitsperson sich von einer vorhergehenden Arbeitsbeanspruchung erholen und die daraus resultierende Arbeitsermüdung abbauen kann / 2 /.

Die Arbeitsbeanspruchung ist dabei die personenbezogene Auswirkung einer Arbeitsbelastung durch eine Arbeitstätigkeit. Diese Auswirkung hängt unmittelbar von der Leistungsfähigkeit der Arbeitsperson ab. Eine kräftige Arbeitsperson wird z.B. durch die Tätigkeit „Heben von Lasten" (Belastung) weniger beansprucht als eine schwächere Person.

Unter Arbeitsbelastung versteht man nach DIN EN ISO 6385:2004 die Gesamtheit der äußeren Bedingungen und Anforderungen im Arbeitssystem, die auf die Arbeitsperson einwirken.

Die Erholungszeit sollte so bemessen sein, dass sie eine über die Dauerleistungsgrenze hinausgehende Beanspruchung ausgleicht. Nach / 2 / versteht man dabei unter der Dauerleistungsgrenze eine maximale Leistung, die von einer durchschnittlichen gesunden Arbeitsperson über einen längeren (theoretisch unbegrenzten) Zeitraum erbracht werden kann.

Die Arbeitsbelastung ist nach / 2 / im wesentlichen von folgenden Faktoren abhängig:

Arbeitsschwere: Diese ergibt sich aus der Arbeitsaufgabe und den Umgebungseinflüssen. Erholung nach

- Hitzebelastung beim Schmieden
- Kältebelastung im Kühlraum
- schwerer Muskelarbeit
- längerer Kontrolltätigkeit

Körperhaltung: Diese ergibt sich aus der Arbeitsmethode. Erholung nach

- längerer Überkopfarbeit
- längerer Arbeit mit gebeugter oder gebückter Körperhaltung

Dauer der ununterbrochenen Tätigkeit: Dies ist die Zeit, während der eine bestimmte Arbeitsschwere bei einer bestimmten Körperhaltung unverändert anhält. Je Länger diese Dauer ist, desto höher wird die Beanspruchung.

Arbeitswechsel: Ein zeitlicher Wechsel zwischen Tätigkeiten mit unterschiedlicher Belastung wirkt sich in der Regel vermindernd auf die Arbeitsbeanspruchung aus. Beispiele:
- Das Kommissionieren schwerer Kollis wird durch Fahren von Platz zu Platz unterbrochen.
- Unbelasteter Rückweg nach dem Tragen einer Last von A nach B.

Erholungszeiten werden durch entsprechende Zuschläge auf die Grundzeit berücksichtigt.

3.3.1.5.7 Verteilzeit tv

Verteilzeiten sind Zeiten, die für unplanmäßige Prozessanteile anfallen (vgl. / 3 /). Sie werden durch entsprechende Verteilzeitzuschläge auf die Grundzeit berücksichtigt.

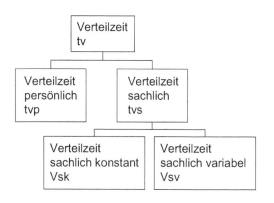

Das nebenstehende Bild zeigt die Unterteilung der Verteilzeiten:

Bild 6: Unterteilung der Verteilzeiten

tvp – persönliche Verteilzeit

Eine persönliche Verteilzeit liegt vor, wenn die Arbeitsperson die Tätigkeit für notwendige persönliche Verrichtungen unterbricht, z.B.:

- Getränk holen und bereitstellen
- Austreten
- gelegentliches Trinken

tvs – sachliche Verteilzeit

Dieses sind Zeiten für zusätzlich erforderliche, im zeitlichen Ablauf nicht planbare Tätigkeiten und für störungsbedingte Unterbrechungen. Sie unterteilen sich wie folgt:

Vsk – Verteilzeiten sachlich konstant

Diese Zeiten gehören zu Tätigkeiten, die unabhängig von den Aufträgen immer wieder anfallen. Sie kehren in regelmäßigen Abständen wieder und werden deshalb auch als schicht-, tages-, wochen- oder monatskonstant bezeichnet, z.B.:

Schichtkonstante und tageskonstante Verteilzeiten bzw. Tätigkeiten

- Anmelden an BDE und Weg zum Arbeitsplatz
- Arbeitsplatz zum Schichtbeginn vorbereiten
- Arbeitsplatz zum Schichtende aufräumen und reinigen
- Schichtwechsel oder auch Schichtübergabe
- Weg zum Pausenraum
- Anlaufzeit von Betriebsmitteln

Wochenkonstante Verteilzeiten bzw. Tätigkeiten
- Arbeitsplatz Grundreinigung vor dem Wochenende
- Abdecken von Maschinen und Anlagen vor dem Wochenende
- Lagebesprechung zu Wochenbeginn

Monatskonstante Verteilzeiten bzw. Tätigkeiten
- Durchführung von monatlichen Abrechnungen (Reisekosten, Lohnstunden, ...)
- Erstellung von monatlichen Tätigkeitsberichten

Sachlich konstante Verteilzeiten können aber auch in einem anderen zeitlichen Rhythmus auftreten, z.B.: planmäßiges Warten von Betriebsmitteln in konstanten Zeitabständen

Die sachlich konstanten Verteilzeiten sind nicht wertschöpfend, deshalb sind Maßnahmen zur Vermeidung oder Verminderung dieser Zeiten in jedem Falle anzustreben. Man kann z.B. die Anlaufzeit von Betriebsmitteln reduzieren oder sogar vermeiden, indem man einen Mitarbeiter damit beauftragt, vor dem eigentlichen Schichtbeginn die Maschinen einzuschalten, so dass diese bei Schichtbeginn die entsprechende Betriebstemperatur erreicht haben.

Vsv – Verteilzeiten sachlich variabel

Diese Zeiten gehören zu Tätigkeiten, die in Abhängigkeit von den Aufträgen immer wieder anfallen. Es kann sich dabei um zufällig auftretende Ereignisse handeln oder aber auch um von der jeweiligen Auftragserfüllung abhängige Tätigkeiten, wie das Holen und Bereitstellen von Hilfs- und Betriebsstoffen zur Aufrechterhaltung der weiteren Produktion.

Zufällig auftretende sachlich variable Verteilzeiten
- kleine Störung am Betriebsmittel beseitigen
- Behinderung durch andere Mitarbeiter
- Warten auf Kran
- kurze Dienstgespräche

Von der Auftragserfüllung abhängige sachlich variable Verteilzeiten
- Nachfüllen von Klebeband für die Kartonverpackung
- Wechseln der Papierrolle am Etikettendrucker
- Nachfüllen von Reinigungsflüssigkeit in den Vorratstank

Wichtig bei den sachlichen variablen Verteilzeiten ist, dass diese nicht unmittelbar einem Auftrag zugeordnet werden können. Betrachten wie hierzu das Beispiel „Nachfüllen von Klebeband für die Kartonverpackung". Wenn z.B. jeder Karton einen Verpackungsauftrag darstellt, dann reicht eine Rolle Klebeband sicherlich für eine Vielzahl von Aufträgen und die Zuordnung von der Verteilzeit zu einem Auftrag ist sehr schwierig und aufwändig. Man müsste hierzu bei jedem Karton (sprich Auftrag) den genauen Verbrauch an Klebeband ermitteln (z.B. die Länge) und diesen zum Gesamtklebeband einer Rolle ins Verhältnis setzen. Daraus ergibt sich in der Regel ein sehr geringer Zeitanteil, der diesen Aufwand in keiner Weise rechtfertigt. Deshalb wird die Tätigkeit eindeutig der sachlich variablen Verteilzeit zugeordnet.

Besteht ein Auftrag aber aus vielen Kartons und muss bei jedem zehnten Karton die Klebebandrolle gewechselt werden, dann muss diese Zeit sehr wohl dem Auftrag zugerechnet werden. Es handelt sich hierbei um eine Nebentätigkeit mit der Bezugsmenge 10.

Wie man sieht, kann ein und dieselbe Tätigkeit einmal als sachlich variable Verteilzeit und ein anderes mal als Nebenzeit gewertet werden. Besteht eine eindeutige Zuordnung zum Auftrag, dann handelt es sich um eine Nebenzeit. Ist dies nicht der Fall, dann handelt es um eine sachlich variable Verteilzeit.

Da auch die sachlich variablen Verteilzeiten nicht-wertschöpfende Tätigkeiten sind, sind Maßnahmen zur Vermeidung oder Verminderung dieser Zeiten auf jeden Fall sinnvoll. Insbesondere können Störungen an den Betriebsmitteln durch geeignete vorbeugende Instandhaltungsmaßnahmen erheblich vermindert werden. Auch lassen sich die Dienstgespräche, welche häufig aus Rückfragen wegen Unklarheiten in den Auftragspapieren bestehen, durch eine klar gegliederte und transparente Gestaltung der Arbeitsunterlagen reduzieren oder auch ganz vermeiden.

3.3.1.5.8 Zeit je Einheit te

te = tg + ter + tv   Summe von Grund-, Erholungs- und Verteilzeiten
Die Grundzeit wird im Rahmen von Zeitaufnahmen (Zeitstudien) direkt ermittelt, während die Erholungs- und Verteilzeiten durch entsprechende Zuschläge auf die Grundzeit berücksichtigt werden. Diese Zuschläge werden normalerweise von Zeit zu Zeit ermittelt, verhandelt und in einer Betriebsvereinbarung festgeschrieben. In diesem Zusammenhang werden folgende Zuschläge unterschieden:

Zer	Erholzeitsatz
Zvs	Verteilzeitsatz sachlich
Zvp	Verteilzeitsatz persönlich
Zv = Zvs + Zvp	Verteilzeitsatz

In der Praxis werden die Zuschläge häufig in Prozent angegeben.

Ein Beispiel:

In der Betriebsvereinbarung eines Schmiedeunternehmens sind für den direkten Schmie-deprozess folgende Zuschläge festgeschrieben:

Zer = 10%

Zvs = 6%

Zvp = 5%

Zv = $Zvs + Zvp$ = 11%

Die Zeit für die Herstellung eines Schmiedestücks wurde im Rahmen einer Zeitstudie mit 69 HM gemessen. Die daraus resultierende Zeit je Einheit wird wie folgt berechnet:

te = $tg + Zer * tg + Zvs * tg + Zvp * tg$

te = $tg * (1 + Zer + Zvs + Zvp)$

te = 69 HM $* (1 + 0,1 + 0,06 + 0,05) = 69$ HM $* 1,21 = 83,49$ HM

Es gilt natürlich: 10% = 0,10 ; 6% = 0,06 ; 5% = 0,05

3.3.1.5.9 Ausführungszeit ta

$ta = m * te$ = Auftragsstückzahl * Zeit je Einheit

3.3.1.5.10 Rüstzeit tr

trg – Rüstgrundzeit

Dies sind Zeiten für die Vorbereitung des Arbeitssystems (auch Aufrüsten), damit es für die Erfüllung der Arbeitsaufgabe (des Auftrags) eingesetzt werden kann. Zum Rüsten gehört auch das ganz oder teilweise Zurückversetzen des Arbeitssystems (auch Abrüsten). Das Rüsten kommt nur einmal je Arbeitsauftrag vor.

Beispiele für Rüsttätigkeiten:

- Auftrag abmelden und nächsten Auftrag anmelden
- Auftragspapiere (Zeichnung und Arbeitsplan) ausdrucken und lesen
- Werkzeuge von Vorauftrag demontieren und in Ablage legen (soweit erforderlich)
- Werkzeuge für den Neuauftrag montieren und einstellen
- Extruder vollständig entleeren und neu befüllen bis Farbton stimmt
- Probestück anfertigen und Messen
- Anschläge für neuen Auftrag einstellen
- Steuerprogramm aufrufen und Parameter einstellen

Betrachtet man das erste Beispiel „Auftrag abmelden und nächsten Auftrag anmelden", dann fällt auf, dass die Tätigkeit streng genommen zwei Aufträgen zuzuordnen ist, nämlich das Abmelden dem Vorauftrag und das Anmelden dem nächsten Auftrag. Nach dem Anmelden werden die neuen Arbeitspapiere gedruckt und gelesen. Erst danach wird damit begonnen, das Betriebsmittel abzurüsten, also die Werkzeuge vom Vorauftrag zu demontieren.

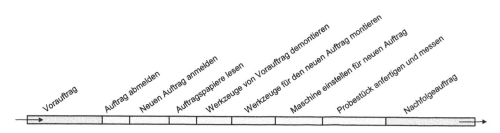

Bild 7: Verlauf eines typischen Umrüstvorgangs

Nun verfährt man in der Praxis nicht so, dass man das „Abmelden" dem Vorauftrag und das „Anmelden" dem Nachfolgeauftrag zuordnet, sondern man bildet einen Ablaufabschnitt „Auftrag abmelden und nächsten Auftrag anmelden" und ordnet die Gesamtzeit einem der beiden Aufträge zu, meistens dem Nachfolgeauftrag.

Nachdem nun die Arbeitspapiere vorliegen, erfährt man erst jetzt, wie der Folgeauftrag beschaffen ist. Dies kann zu folgenden unterschiedlichen Szenarien führen:

(1) Der Folgeauftrag besitzt exakt dieselben Randbedingungen und Einstellungen wie der Vorauftrag. Deshalb bedarf es keines weiteren Rüstaufwands und der Folgeauftrag kann sofort gestartet werden.

(2) Der Folgeauftrag besitzt nahezu dieselben Randbedingungen und Einstellungen wie der Vorauftrag. Insbesondere können dieselben Werkzeuge weiter verwendet werden. Es müssen lediglich einige Maschineneinstellungen angepasst und ein Probestück angefertigt werden. Danach kann der Folgeauftrag gestartet werden.

(3) Der Folgeauftrag ist nur teilweise mit dem Vorauftrag identisch. Außerdem müssen einige Werkzeuge demontiert und dafür andere Werkzeuge montiert werden. Nach Einstellung der Maschine und Anfertigung des Probestücks kann der Folgeauftrag gestartet werden.

(4) Der Folgeauftrag unterscheidet sich vollständig vom Vorauftrag. Es müssen alle Werkzeuge demontiert und dafür andere Werkzeuge montiert werden. Nach Einstellung der Maschine und dem Anfertigen des Probestücks kann der Folgeauftrag gestartet werden.

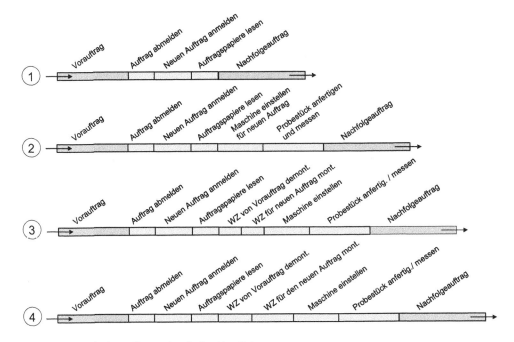

Bild 8: Verschiedene Szenarien beim Umrüsten

Unter Umrüsten versteht man hier also das Abrüsten des Vorauftrags und das anschließende Aufrüsten des Nachfolgeauftrags. Dies ist ein regelmäßig wiederkehrender Vorgang, der je nach Beschaffenheit der beteiligten Aufträge unterschiedliche Umfänge und Zeiten erfordert. Die Gesamtzeit des Umrüstens wird in der Regel dem Nachfolgeauftrag zugerechnet.

Wie man im Bild sieht, kann der Umrüstvorgang, je nach Kombination der beteiligten Vor- und Nachfolgeaufträge, unterschiedliche Zeit- und damit auch Kostenaufwände erfordern. Da der Kalkulator bei Erstellung der Arbeitspapiere, insbesondere des Arbeitsplans, nicht voraussehen kann, welche konkrete Kombination bei der tatsächlichen Ausführung der Umrüstarbeiten vorliegen wird, ist eine genaue Abschätzung der Umrüstzeit und des damit verbundenen Aufwands nicht möglich. Hier muss also mit entsprechenden Fehlern in der Kalkulation gerechnet werden.

Es ist durchaus gängige Praxis, dass im Rahmen der Auftragsfeinsteuerung und der damit verbundenen Maschinenbelegungsplanung (Fertigungsleitstand) die Aufträge unter anderem auch nach dem Kriterium der Rüstzeitminimierung zusammengestellt werden.

trer – Rüsterholungszeit

Dies sind Zeiten, die erforderlich sind, damit die Arbeitsperson sich von einer vorhergehenden Arbeitsbeanspruchung beim Rüsten erholen und die daraus resultierende Arbeitsermüdung abbauen kann / 2 /. Sie werden durch einen entsprechenden Rüsterholzeitzuschlag berücksichtigt. Im Wesentlichen gelten hier dieselben Kriterien und Faktoren wie bei der Erholungszeit ter. In der Praxis kommt eine Rüsterholungszeit sehr selten vor.

trv – Rüstverteilzeit

Rüstverteilzeiten fallen für unplanmäßige Prozessanteile an (vgl. / 3 /). Sie werden durch entsprechende Rüstverteilzeitzuschläge auf die Rüstgrundzeit berücksichtigt. Auch bei Rüstverteilzeiten gelten dieselben Kriterien wie bei der Verteilzeit tv. Es wird auch hier zwischen persönlichen und sachlichen Verteilzeiten unterschieden. Häufig werden für die Rüstprozesse dieselben Verteilzeitzuschläge verwendet wie bei den Zeiten je Einheit.

tr = trg + trer + trv → Rüstzeit = Summe Rüstgrund-, -erholungs- und -verteilzeit

Rüstzeiten sind normalerweise unproduktive, also nicht wertschöpfende Tätigkeiten, weil in der Regel das Arbeitssystem während der Rüsttätigkeiten nicht produzieren kann. Es kann jedoch gelingen, die Stillstandszeiten, welche durch das Rüsten verursacht werden, erheblich zu reduzieren, indem man wesentliche Teile der Rüstzeit in die Bearbeitungszeit des Vorauftrags verlegt. Dies ist z.B. sehr gut bei umformenden und trennenden Biege- und Stanzpressen möglich, die während der Hauptnutzungszeit vollautomatisch Teile von einem Coil erzeugen. Während dieser Hauptzeit kann an einem benachbarten Ort das Werkzeug für den Folgeauftrag weitgehend aufgerüstet werden. Wenn der Vorauftrag beendet ist, wird lediglich das dazugehörige Werkzeug von der Maschine gelöst und aus dem Arbeitsraum entfernt, normalerweise über Schienen. Anschließend wird das fertig gerüstete Werkzeug des Folgeauftrags, ebenfalls über Schienen, in den Arbeitsraum verschoben und dort fixiert und angeschlossen. Während nun der Auftrag läuft, kann das Werkzeug des Vorauftrags abgerüstet werden und anschließend das Werkzeug des Folgeauftrags gerüstet werden.

Ähnliches gelingt bei der spanenden Bearbeitung von Großteilen, welche mehrere Stunden dauern kann. Auf einem separaten verfahrbaren Arbeitstisch kann während der Laufzeit des Auftrags der Folgeauftrag gerüstet werden. Insbesondere bei Bearbeitungszentren besteht die Möglichkeit, mehrere Aufträge auf Wechselpaletten vorzubereiten (zu Rüsten) und damit die Bearbeitungszeiten und die Rest-Rüstzeiten in eine personallose Schicht zu verschieben.

3.3.1.5.11 Auftragszeit T

T = tr + ta   = Summe Rüstzeit und Ausführungszeit

Zeit für die komplette Bearbeitung eines Auftrags.

3.3.1.6 Abgrenzung zwischen Mensch- und Betriebsmittelzeitarten

Bisher haben wir keinerlei Unterscheidung zwischen Zeitarten für den Menschen und das Betriebsmittel gemacht. Dies ist gängige Praxis, weil bei der überwiegenden Anzahl von Zeitstudien lediglich ein Platz (entweder Mensch oder Betriebsmittel) beobachtet wird. In / 2 / werden für den Menschen und das Betriebsmittel zwei nahezu identische Zeitartgliederungen vorgestellt. Die geringen Unterschiede sollen im Folgenden erläutert werden:

Zeitartgliederung	Zeitartgliederung
für Mensch und Maschine	für den Menschen nach / 2 /
thb – beeinflussbare Hauptzeit	ttb – beeinflussbare Tätigkeitszeit
thu – unbeeinflussbare Hauptzeit	ttu – unbeeinflussbare Tätigkeitszeit
tnb – beeinflussbare Nebenzeit	ttb – beeinflussbare Tätigkeitszeit
tnu – unbeeinflussbare Nebenzeit	ttu – unbeeinflussbare Tätigkeitszeit

Bei der Zeitartgliederung nach / 2 / wird für den Menschen nicht unterschieden, ob es sich um Haupt- oder Nebenzeiten handelt. Dies hat den Nachteil, dass man keine Information über die absoluten und relativen Anteile dieser im Prinzip unerwünschten Zeiten bekommt und deswegen auch keine Maßnahmen zur Reduzierung dieser Zeiten ableiten kann.

Zeitartgliederung	Zeitartgliederung
für Mensch und Maschine	für den Menschen nach / 2 /
tv – Verteilzeit	tv – Verteilzeit
tvp – persönliche Verteilzeit	tp – persönliche Verteilzeit
tvs – sachliche Verteilzeit	ts – sachliche Verteilzeit
Vsk – sachliche konstante Verteilzeit	–
Vsv – sachliche variable Verteilzeit	–

Bei der Zeitartgliederung nach / 2 / wird für den Menschen also die sachliche Verteilzeit nicht mehr weiter in sachliche konstante und variable Verteilzeit unterteilt. Auch hier ergibt sich der Nachteil, dass man auch keine Information über den absoluten und relativen Anteile dieser ebenfalls unerwünschten Zeiten bekommt.

Zeitartgliederung	Zeitartgliederung
für Mensch und Maschine	für die Maschine nach / 2 /
thb – beeinflussbare Hauptzeit	thb – beeinflussbare Hauptnutzungszeit
thu – unbeeinflussbare Hauptzeit	thu – unbeeinflussbare Hauptnutzungszeit
tnb – beeinflussbare Nebenzeit	tnb – beeinflussbare Nebennutzungszeit
tnu – unbeeinflussbare Nebenzeit	tnu – unbeeinflussbare Nebennutzungszeit
tw – Wartezeit	tb – Brachzeit

Wie man sieht, stimmen hier die Bezeichnungen und Bedeutungen weitgehend überein. Lediglich die Wartezeit für den Menschen nennt man bei den Maschinen „Brachzeit".

Zeitartgliederung für Mensch und Maschine	Zeitartgliederung für die Maschine nach / 2 /
tv – Verteilzeit	tv – Verteilzeit
tvp – persönliche Verteilzeit	–
tvs – sachliche Verteilzeit	–
Vsk – sachliche konstante Verteilzeit	–
Vsv – sachliche variable Verteilzeit	–
ter – Erholungszeit	–
trer – Rüsterholungszeit	–

Bei der Zeitartgliederung nach / 2 / wird für die Maschine also die Verteilzeit nicht mehr weiter unterteilt. Auch hier ergibt sich der Nachteil, dass man dann auch keine Information über die absoluten und relativen Anteile dieser im Prinzip unerwünschten Zeiten bekommt. Es kann z.B. eine sachlich variable Verteilzeit für den Menschen dazu führen, dass die Maschine angehalten werden muss. Für die Maschine ist dies dann eine Brachzeit.
Auch für Erholungszeiten gibt es kein Pendant bei den Maschinenzeitarten. Muss eine Maschine wegen einer Erholungszeit angehalten werden oder wird wegen einer Rüsterholungszeit der Rüstvorgang unterbrochen, dann handelt sich um eine Brachzeit.

3.3.1.7 Zeitarten für das Material

Die Zeitarten für das Material seien hier nur der Vollständigkeit halber erwähnt. Sie spielen im Rahmen der täglichen Praxis der Zeitstudienmitarbeiter nur eine untergeordnete Rolle. Nach REFA / 2 / wird hier folgendes unterschieden:

AEF	Material Form verändern
AEZ	Material Zustand verändern
AFH	Material Handhaben
AFT	Material Transport
AZ	Material zusätzliches verändern
AP	Material Prüfen
AA	Material ablaufbedingtes Liegen
AS	Material zusätzliches Liegen
AL	Material Lagern

3.3.1.8 N-Zeiten und F-Zeiten

N-Zeiten (nicht zu verwendende Zeiten)

Dies sind Zeiten, die durch die Arbeitsperson zusätzlich verursacht werden / 2, 5 /.

Beispiele:

- verspäteter Arbeitsbeginn
- verfrühtes Arbeitsende
- selbst verursachte Mehrarbeit
- Nicht zum Auftrag gehörende Zeiten
- Privatgespräche

F-Zeiten (fallweise zu verwendende Zeiten)

Nach REFA / 2, 5 / sind dies zusätzliche Zeiten, die durch länger dauernde, außergewöhnliche Störungen verursacht werden.

Beispiele:

- Fehlarbeit durch falsche Arbeitsunterlagen
- Lange Wartezeiten infolge technischer Mängel
- Stromausfall
- Reparatur

4 Die Leistungsgradbeurteilung

Wie bereits aus der Überschrift des Kapitels hervorgeht, werden wir uns auf den folgenden Seiten mit Leistungsgraden und deren Beurteilung befassen. Dabei wird sowohl der Begriff Leistungsgrad erläutert als auch die Methode der Beurteilung.

4.1 Beurteilung und Schätzung

Wir wollen uns zunächst kurz mit dem Begriff „Beurteilung" befassen. Im Internet findet man u.a. folgende Synonyme: Abschätzung, Begutachtung, Bewertung, Einschätzung, …

Wenn man etwas beurteilt, dann kann man es offensichtlich nicht messen, oder der Aufwand für die Messung ist so groß, dass man sich mit einer Beurteilung zufrieden gibt. Wenn z.B. der Geschmack von Getränken beurteilt werden soll, so kann man dies nicht messen. Stattdessen werden verschiedene Getränke – z.B. Weine – verkostet und nach einem bestimmten Schema bewertet. Bei den Weinen gibt es die Parker-Bewertung, welche die Weine auf einer Skala von 0 bis 100 einstuft, wobei alle Weine mit Beurteilungen unterhalb von 50 als wenig genießbar einzuschätzen sind:

50 – 69: schlecht bis unterdurchschnittlich

70 – 79: durchschnittlich

80 – 89: überdurchschnittlich bis sehr gut

90 – 95: hervorragend

96 – 100: außerordentlich

In diesem Sinne ist die Beurteilung mit einer Abschätzung gleichzustellen. Im täglichen Leben sind wir ständig auf Schätzungen angewiesen. Wir schätzen z.B. die Entfernung von Dortmund nach Hamburg auf ca. 350 km oder wir schätzen die Länge eines Teils auf 130 cm. Das Interessante am Schätzen ist, dass man bei der Schätzung oder Beurteilung einen mehr oder weniger großen Fehler in Kauf nimmt, wobei dieser Fehler niemals exakt ermittelt werden kann, wenn man nicht genauere Untersuchungen oder Messungen anstellen will. Aber es ist ja gerade der Sinn der Beurteilung oder Schätzung, diese ggf. aufwändigen Untersuchungen oder Messungen zu vermeiden.

Wichtig ist allerdings, wie groß der Fehler bei verschiedenen Schätzungen ist.
Bei der Schätzung von Flächen wurde eine Referenzfläche von 10 x 10 = 100 Einheiten gezeigt und dieser Fläche andere Flächen gegenübergestellt und zwar in der Größe von 3 bis 323. Das Ergebnis war in allen Fällen das gleiche:

- Kleine Flächen wurden als viel zu groß eingestuft und zwar um so stärker, je kleiner die Flächen in Verhältnis zur Referenzfläche wurden.
- Große Flächen wurden als viel zu klein eingestuft und zwar um so stärker, je größer die Flächen in Verhältnis zur Referenzfläche wurden.
- Flächen die in der Größenordnung der Referenzfläche lagen wurden nahezu korrekt eingestuft.

Bei dieser Schätzaufgabe hatten die Teilnehmer die Referenzfläche ständig vor Augen. Beim nächsten Versuch sollten Längen geschätzt werden, ohne dass eine Referenzlänge zur Verfügung stand. Es wurden mehrere verschieden lange Leisten gezeigt und die Teilnehmer sollten deren Länge schätzen und das Ergebnis aufschreiben. Auch hier war es so, dass die kleinen Leisten in der Regel größer und die größeren Leisten eher kleiner geschätzt wurden. Insgesamt war dieser Effekt jedoch nicht so ausgeprägt und die Fehler der Schätzungen waren relativ gesehen wesentlich kleiner als beim Flächenschätzen. Dies lag daran, dass die zu schätzenden Längen immer noch in der gut vorstellbaren Größenordnung von 32 mm bis 392 mm lagen.

Manchmal lässt man sich beim Schätzen auch von anderen Gegebenheiten beeinflussen. Man kann z.B. die Frage stellen: „Welche Münze hat einen größeren Durchmesser, der Pfennig oder der Cent?". Man erhält auf diese Frage fast immer die Antwort: „der Cent". Sie können beide Durchmesser messen und werden feststellen, dass beide Münzen denselben Durchmesser aufweisen, nämlich 16 mm. Allein aus der Tatsache, dass der Cent einen höheren Geldwert hat, als der Pfennig, wird automatisch geschlossen, der Durchmesser des Cent sei größer, als der des Pfennigs.

Beim Schätzen und Beurteilen muss man also mit mehreren Fallstricken rechnen.

4.2 Die Leistung

Kommen wir nun zu einem weiteren Begriff, der im Wort „Leistungsgradbeurteilung" auftaucht, der „Leistung". In der Physik versteht man unter der Leistung P die Arbeit pro Zeiteinheit, gemessen in der Einheit Watt. Unter Arbeit versteht man in diesem physikalischen Sinne folgendes: $\text{Arbeit} = \text{Kraft} \cdot \text{Weg} = F \cdot s$

Der Begriff Leistung ist hier also wie folgt definiert: $\text{Leistung} = \dfrac{\text{Arbeit}}{\text{Zeit}} = \dfrac{\text{Kraft} \cdot \text{Weg}}{\text{Zeit}} = \dfrac{F \cdot s}{t}$

In ganz ähnlicher Weise wird der Leistungsbegriff in der Ökonomie definiert. Bei Wikipedia findet man unter „Arbeitsleistung" folgendes:

„Arbeitsleistung bezeichnet das Ergebnis einer zielgerichteten Anstrengung von Menschen in Verbindung mit dem Einsatz von Betriebsmitteln pro Zeiteinheit bei bestimmter Arbeitsqualität."

Bei der Produktion von Gütern kann man deshalb die Arbeitsleistung wie folgt definieren:

$$\text{Leistung} = \text{Ausbringung} = \dfrac{\text{Menge der hergestellten Güter}}{\text{Zeit}}$$

Die Menge der hergestellten Güter kann z.B. in Stück, Liter, Meter, Quadratmeter oder anderen Einheiten gemessen werden, je nachdem ob es sich um Einheiten, Volumina, Längen, Flächen oder andere Größen handelt. Werden einzelne Produkte hergestellt, so spricht man auch von einer Stückleistung. Genauer gesagt: „werden doppelt so viele Stück pro Zeit hergestellt, dann spricht man von einer Verdoppelung der Stückleistung."

Natürlich gilt auch: „werden halb so viele Stück pro Zeit hergestellt, dann spricht man von einer Halbierung der Stückleistung."

Wenn wir die Arbeitsleistung in einem Produktionsbetrieb betrachten, in dem unter identischen Arbeitsbedingungen, an mehreren Arbeitsplätzen dieselben Tätigkeiten durchgeführt werden, dann fällt auf, dass die Arbeitsleistung von Person zu Person schwankt. Es gibt Arbeitspersonen mit einer relativ hohen Leistung, andere mit einer mittleren Leistung und wiederum andere mit einer relativ niedrigen Leistung. Hierzu ist zu bemerken, dass alle beteiligten Arbeitspersonen in erforderlichem Maße für die Arbeit geeignet sind und mit derselben Arbeitsmethode vorgehen.

Es ist also von relativ hoher, mittlerer und relativ niedriger Leistung die Rede.

Fragt sich nur: „relativ bezogen auf was?"

Hier kommen die Begriffe „Bezugsleistung" und „Leistungsgrad" ins Spiel:

Die Bezugsleistung ist eine Leistung, auf die man alle beobachteten Ist-Leistungen beziehen kann. Arbeitet eine Arbeitsperson exakt mit der Bezugsleistung, dann erhält diese einen Leistungsgrad von 1 oder 100%. Der Leistungsgrad ist danach wie folgt definiert:

$$\text{Leistungsgrad} = \frac{\text{Ist - Leistung}}{\text{Bezugsleistung}}$$

Liegt z.B. die Bezugsleistung für die Herstellung eines Produktes bei 60 Stück / Stunde, so kann man folgende Leistungsgrade für die verschiedenen Leistungen berechnen.

Leistung [Stück / Stunde]	Leistungsgrad
69	LG = 69 / 60 = 1,15 = 115%
81	LG = 81 / 60 = 1,35 = 135%
54	LG = 54 / 60 = 0,90 = 90%
63	LG = 63 / 60 = 1,05 = 105%

Man kann den Leistungsgrad im übrigen auch als Quotient von Soll-Stückzeit und Ist-Stückzeit berechnen. In unserem Beispiel gilt für die Soll-Stückzeit:

$$\text{Soll - Stückzeit} = \frac{1}{\text{Bezugsleistung}} = \frac{1}{60\,\text{Stück}/\text{Stunde}} = \frac{1\,\text{Stunde}}{60\,\text{Stück}} = 100\,\frac{\text{HM}}{\text{Stück}}$$

$$\text{Leistungsgrad} = \frac{\text{Soll-Stückzeit}}{\text{Ist-Stückzeit}} \quad \Rightarrow \quad \text{Soll-Stückzeit} = \text{Leistungsgrad} \cdot \text{Ist-Stückzeit}$$

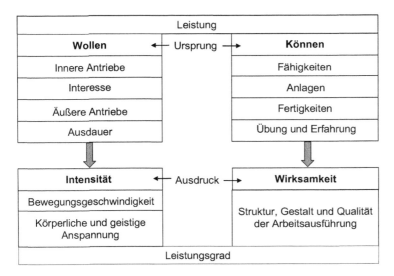

Bild 9: Merkmale des Bewegungsablaufs menschlicher Arbeit

In der Praxis werden die folgenden zwei Bezugsleistungen am häufigsten verwendet:

- REFA – Normalleistung
- MTM – Normleistung

Definition der REFA – Normalleistung / 2, 5 /

Dies ist eine Bewegungsausführung, die dem Beobachter hinsichtlich der Einzelbewegungen, der Bewegungsfolge und ihrer Koordinierung besonders harmonisch, natürlich und ausgeglichen erscheint. Sie kann erfahrungsgemäß von jedem in erforderlichem Maße geeigneten, geübten und voll eingearbeiteten Arbeiter auf Dauer und im Mittel der Schichtzeit erbracht werden, sofern er für persönliche Bedürfnisse und gegebenenfalls auch für Erholung vorgegebene Zeiten einhält und die freie Entfaltung seiner Fähigkeiten nicht behindert wird.

Definition der MTM – Normleistung / 3, 6 /

Diese wird beschrieben, als jene Leistung, die ein durchschnittlich geübter Mensch ohne zunehmende Arbeitsermüdung auf Dauer erbringen kann.

Im folgenden wollen wir uns mit der REFA-Normalleistung näher auseinandersetzen.
Die wesentliche Aussage ist hier folgende:
Die Normalleistung ist eine Bewegungsausführung, die besonders harmonisch erscheint.

Was haben wir uns unter einer harmonischen Bewegungsausführung vorzustellen?

Bild 10: Pendel

Hierzu ein kleiner Abstecher in die Physik und zwar zu den Pendeln.

Wenn man ein Pendel mit seiner Eigenfrequenz anregt, dann kann man mit relativ geringem Energieaufwand einen sehr großen Ausschlag erzielen. Das Pendel führt dann bei kleinen Amplituden (kleinen Winkeln) eine nahezu harmonische Schwingung aus, deren Periodendauer sich wie folgt berechnet:

$$T = 2\pi \sqrt{l/g}$$

l : Pendellänge

g : Fallbeschleunigung [9,81 m/s]

Die Periodendauer hängt also nicht von der Masse des Pendels ab, sondern nur von der Pendellänge.

Was hat das nun mit der „harmonischen Bewegungsausführung" zu tun? Nun es ist so, dass eine harmonische Bewegungsausführung, also eine Bewegung in der Nähe der Eingenfrequenz mit dem geringst möglichen Energieaufwand verbunden ist. Wenn also eine Arbeitsperson ihre Gliedmaßen harmonisch bewegt, so geht dies mit einer optimalen Nutzung der körpereigenen Energie-Ressourcen einher. Eine schnellere Bewegungsausführung führt zu einer erhöhten Ermüdung, so dass eine längere Ausführung nicht oder nur unter Anstrengung erreicht werden kann. Eine langsamere Bewegung benötigt zwar einen geringeren Energieaufwand ist aber auch wesentlich weniger effektiv.

Körperteil	Frequenz [Hz]
Hand	3 – 3,5
Unterarm	2
Ganzer Arm	1
Bein	0,9
Rumpf	0,5 – 0,7

Beim Menschen ergeben sich - je nach Länge und Konstitution der Gliedmaßen - Pendelfrequenzen, bei denen Energieverbrauch und Arbeitseinsatz in einem optimalen Verhältnis zueinander stehen. G. Lehmann hat diese Frequenzbereiche wie nebenstehend benannt / 7 /.

Bild 11: Pendelfrequenzen G.Lehmann

Im folgenden Bild sehen Sie die ungefähre Leistung, die aufzubringen ist, um in der Ebene mit verschiedenen Geschwindigkeiten zu gehen.

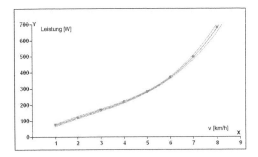

Bild 12: Leistung beim Gehen in der Ebene

Wie man sieht, nimmt die Leistung im Bereich 1 bis 5 km / h linear zu, wobei die Steigung in etwa bei 50 W / (km/h) liegt. Überträgt man dies in ein Diagramm, in dem die Energie je zurückgelegte Strecke über der Geschwindigkeit aufgetragen wird, dann erhält man das nebenstehende Bild:

Man erkennt deutlich, dass die Energieeffizienz (kJ / km) bei ca. 4 – 5 km / h am größten ist.

Man kann also sagen, dass eine insgesamt harmonische Bewegungsabfolge mit dem geringsten Energieaufwand pro Produktionseinheit einhergeht. Da der Mensch generell geneigt ist, sich in diesem Effizienzbereich zu bewegen, erscheint uns eine derartige Bewegung als normal. Eine höhere oder niedrigere Geschwindigkeit bei der Bewegungsabfolge erscheint dagegen als nicht normal und nicht harmonisch.

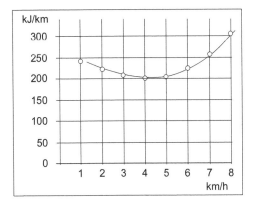

Bild 13: Energieumsatz beim Gehen

An dieser Stelle sei auf die Unterschiede in der Körpergröße von Menschen hingewiesen. Lassen wir einen sehr großen Menschen und einen sehr kleinen Menschen mit einer Geschwindigkeit von 5 km/h (Normalleistung) nebeneinander gehen, so fällt auf, dass die Bewegungsfrequenzen der Personen höchst unterschiedlich sind. Die kleine Person hat eine wesentlich höhere Bewegungsfrequenz als die große. Das liegt natürlich daran, dass die kleinere Person eine kürzere Distanz je Schritt zurücklegt und deshalb bei gleicher Geschwindigkeit eine höhere Schrittfrequenz benötigt.

Aufgrund dieser Tatsache wird häufig fälschlicherweise für die kleinere Person ein höherer Leistungsgrad beurteilt. Das Gehirn des Beobachters assoziiert automatisch mit der höheren Bewegungsfrequenz einen höheren Leistungsgrad. Dies ist natürlich falsch. Fragt man die beiden Probanden, wie sie sich beim Gehen gefühlt haben, so antworten beide übereinstimmend: „normal". Weder die kleine Person hat eine Überanstrengung noch die große Person hat eine Unterforderung empfunden. Beobachtet man also besonders kleine oder große Mitarbeiter, so ist der soeben vorgebrachten Tatsache Rechnung zu tragen.

4.3 Leistungsgrad und Bewegungsablauf

Der Bewegungsablauf menschlicher Arbeit wird im wesentlichen durch zwei Merkmale gekennzeichnet: „Intensität" und „Wirksamkeit".

Intensität

Diese äußert sich durch die Bewegungsgeschwindigkeit. Je schneller die Bewegung ausgeführt wird, desto höher ist der Leistungsgrad und umgekehrt.

Wenn man also schneller arbeiten will, dann braucht man nur die Bewegungsgeschwindigkeit zu erhöhen. Dies führt aber nicht in jedem Fall zu der bestmöglichen Leistung, denn die Bewegungen sollten auch wirksam sein.

Wirksamkeit

Diese äußert sich durch das „Können" der Arbeitsperson, welches durch folgende Kriterien geprägt wird: „Fähigkeit, Fertigkeit, Erfahrung, Anlagen, Übung und Gewöhnung".

Eine weitere Möglichkeit, schnellere Arbeitsergebnisse zu erzielen, ist also die Erhöhung der Fähigkeiten und Fertigkeiten durch Übung und Schulung der Mitarbeiter. Dadurch kann die Struktur und Qualität der Arbeitsausführung verbessert werden.

Leistungsangebot des Menschen

Dieses wird bestimmt durch die Leistungsfähigkeit und Leistungsbereitschaft des Menschen.

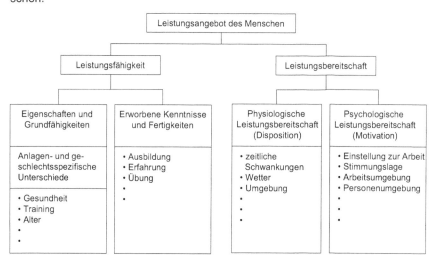

Bild 14: Das menschliche Leistungsangebot (nach Schulte)

Die Leistungsfähigkeit bestimmt die mögliche Wirksamkeit der Arbeitsperson und die Leistungsbereitschaft bestimmt die mögliche Intensität der Arbeitsperson.

4.3.1 Beurteilung der Intensität

Da als Ausdruck der Intensität die Bewegungsgeschwindigkeit gilt, ist dieses Merkmal gut zu beurteilen. Natürlich muss in diesem Zusammenhang auf die unter 4.2 beschriebenen Einwirkungen der unterschiedlichen Größen von Menschen Rücksicht genommen werden. Eine höhere Bewegungsgeschwindigkeit kann jedoch nur dann eine Leistungssteigerung hervorrufen, wenn das Arbeitsverfahren dies zulässt. In Abschnitt 3.3.1.1 haben wir das Bügeln geschildert, bei dem die Steigerung der Bewegungsgeschwindigkeit keineswegs mit einer Erhöhung der Leistung verbunden ist, sondern sogar ein gegenteiliger Effekt eintritt. Beispiele für Tätigkeiten, bei denen die Intensität im Vordergrund steht und die sich deshalb gut beurteilen lassen:

- Gehen in der Ebene
- Kolli aus Regalfach holen und auf Palette ablegen
- Hinlangen zu einem entfernten Gegenstand
- Umfalten der Kante einer Folie

Bei der Beurteilung der Bewegungsgeschwindigkeit ist auch darauf zu achten, dass eine extrem erhöhte Geschwindigkeit möglicherweise die Zielgenauigkeit der Bewegung beeinflusst und deshalb wieder gegenläufige Effekte eintreten können.

Bewegungsgeschwindigkeiten bei Pendelbewegungen

Betrachten wir als Beispiel das Arbeitsverfahren „Schmieden". Dort nimmt eine Arbeitsperson einen glühenden Quader mit einer Zange aus dem Ofen und schwenkt diesen mit einer Pendelbewegung hinüber zur Presse, so dass das Werkstück genau in dem Werkzeug zum Liegen kommt (Bild). Das Werkstück hat in diesem Fall eine Masse von ca. 14 kg. Was das bedeutet, kann jeder nachvollziehen, der einen schweren Vorschlaghammer (nur 5 kg) in die Hand nimmt und entsprechend bewegt.

Bild 15: Pendelbewegung beim Schmieden

Im Bild ist die Pendelbewegung der Arbeitsperson deutlich erkennbar. Stellt man die Frage, ob es sich bei dieser Bewegung um eine - im Sinne der Leistungssteigerung - beeinflussbare Tätigkeit handelt, dann erhält man in vielen Fällen die Antwort: „ja".

Man muss sich einmal vor Augen führen, was das bedeutet: Da die Ausgangshöhe identisch mit der Zielhöhe ist, wird bei nicht beschleunigter Bewegung das glühende Werkstück exakt in der korrekten Zielhöhe zum Stillstand kommen. Sollte nun der Mitarbeiter durch die Erhöhung der Intensität, also durch Krafteinwirkung, die Winkelgeschwindigkeit erhöhen, dann würde das Werkstück natürlich über das Ziel hinaus schwingen. Am Ende der Bewegung wäre also eine gleich große Krafteinwirkung erforderlich, um das Werkstück wieder abzubremsen. Abgesehen davon, dass die Zielgenauigkeit in erheblichem Maße beeinträchtigt wäre, ist der Energieaufwand zur Beschleunigung und zum Abbremsen der Bewegung unverhältnismäßig hoch. Insgesamt wäre eine geringere Arbeitsleistung zu erwarten.

Fazit: Sind schwere oder sehr schwere Werkstücke zu handhaben, dann ist es nicht sinnvoll, durch erhöhten Kraftaufwand die Pendelbewegung zu beschleunigen. Vielmehr sollte sich das Gesamtsystem (Mensch und Werkstück) in der Eigenfrequenz bewegen.

Beurteilung der Intensität bei Bewegungen gegen einen Widerstand

Ist bei der Bewegungsausführung ein wesentlicher Widerstand zu überwinden, wird die Beurteilung der Intensität schwierig bis unmöglich.

Beispiele für diesen Fall sind:

- Hinaufgehen einer Steigung
- Einholen einer Ankerkette mittels Kurbel
- Anheben von Teilen mit einer Handkurbel und Flaschenzug

REFA / 2 / schreibt hierzu: „Die Beurteilung von Bewegungen mit hohem Kraftaufwand erfordert eine große Erfahrung und ist deshalb verhältnismäßig schwierig. Sie setzt voraus, dass sich der Zeitstudienmitarbeiter eine Vorstellung davon verschafft, wie stark die Verzögerung der Bewegung durch bestimmte Gewichte oder Widerstände ist."

Bei dieser vagen Aussage fragt man sich natürlich.: „wie verschafft sich der Mitarbeiter diese Vorstellung?" In diesen Fällen ist es besser, auf die Beurteilung zu verzichten und den Leistungsgrad von anderen Ablaufabschnitten derselben Studie zu übernehmen.

4.3.2 Beurteilung der Wirksamkeit

Nach REFA / 2 / heißt es: „Die Wirksamkeit äußert sich in der Güte der Bewegungsausführung. Diese erkennt man daran, wie geläufig, zügig, beherrscht, harmonisch, sicher, unbewusst, zielsicher, rhythmisch und locker gearbeitet wird."

Hier wird eine Fülle von Begriffen aneinandergereiht, um einen Sachverhalt vage zu umschreiben. Zielgerichteter ist jedoch folgende Definition:

Die Wirksamkeit äußert sich in

- einer genauen Bewegungsausführung, unter Vermeidung von Zusatzbewegungen
- einem harmonischen Übergang zwischen den einzelnen Bewegungselementen
- einer Überlappung von Bewegungselementen durch den Einsatz beider Hände

4.3.3 Zusammenspiel von Intensität und Wirksamkeit

Wenn die Arbeiten bei hoher Intensität und Wirksamkeit ausgeführt werden, dann ist mit sehr hohen Leistungsgraden zu rechnen. Dabei ist es so, dass einige Arbeiten eher durch die Wirksamkeit (Bewegungen über kurze Strecken: Greifen und Fügen) und andere eher durch die Intensität (Bewegung über längere Strecken: Gehen, Hinlangen, Bringen) beeinflusst werden.

Man kann also folgende Fälle unterscheiden:

- Arbeiten mit vorwiegender Beeinflussung durch Intensität
- Arbeiten mit vorwiegender Beeinflussung durch Wirksamkeit
- Arbeiten mit etwa gleicher Beeinflussung durch Intensität und Wirksamkeit

Nur im letzten Fall kann eine geringe Intensität durch eine erhöhte Wirksamkeit ausgeglichen werden und umgekehrt eine geringe Wirksamkeit durch erhöhte Intensität.

In der Praxis wird der Leistungsgrad als Ganzes beurteilt, wobei die Anteile an Intensität und Wirksamkeit nach Möglichkeit einfließen sollen. Dabei ist folgendes zu beachten:

- Intensitätsbezogene Elemente werden häufig überbewertet, weil diese besonders stark ins Auge fallen
- Durch sehr schnelles, hastiges Arbeiten leidet häufig die Zielgenauigkeit der Bewegung und damit die Wirksamkeit
- In den Arbeitselementen können unbeeinflussbare Anteile enthalten sein, die nicht sofort erkennbar sind (Beispiele: Bügeln, Ausschütten...)

4.4 Die Praxis der Leistungsgradbeurteilung

Grundlagen für den Beobachter

- Vergleich - beobachtetes Erscheinungsbild mit vorgestelltem Erscheinungsbild
- systematisches Training des Beobachters
- Grundkenntnisse über ergonomische Zusammenhänge

Voraussetzungen für die Beurteilung

- die Bewegungsausführung muss deutlich erkennbar sein
- der Arbeitsablauf muss durch die Arbeitsperson beeinflussbar sein
- der Arbeitsablauf und die Arbeitsmethode sollen genau beschrieben werden
- der Arbeitsablauf soll in Ablaufabschnitte gegliedert werden
- die Arbeitsperson muss für die Aufgabe geeignet, geübt und voll eingearbeitet sein
- die vorgeschriebene Arbeitsmethode muss eingehalten werden
- der Beurteiler soll Technologie und Besonderheiten des Arbeitsvorgangs kennen
- der Datenermittler soll für die Beurteilung ausgebildet und hinreichend geübt sein
- die Überschreitung zumutbarer Belastungsgrenzen soll vermieden werden

Während der Zeitstudie ist folgendes zu beachten und zu tun

- der Mitarbeiter soll seine Fähigkeiten ohne Behinderung entfalten können
- der Datenermittler beurteilt Intensität und Wirksamkeit und damit den Leistungsgrad
- kann der Mitarbeiter bei schnellerer Ausführung die Qualität erhalten?

Grafisch kann man die Praxis der Leistungsgradbeurteilung wie folgt darstellen:

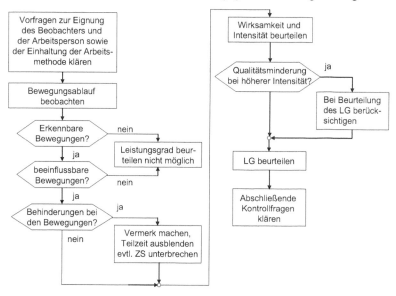

Bild 16: REFA-Standardprogramm Leistungsgradbeurteilung / 2 /

4.5 Häufigkeit der Leistungsgradbeurteilung

Grundsätzlich kann man dem Zeitstudienmitarbeiter nicht vorschreiben, zu welchen Zeitpunkten er eine Schätzung des Leistungsgrades vornehmen soll. Normalerweise wird man die Arbeiten eine Zeit lang beobachten, um sich über Intensität und Wirksamkeit einen Eindruck zu verschaffen, und danach den Leistungsgrad vergeben. Häufig wird bei der manuellen Zeitstudie der Leistungsgrad alle 5 Zyklen je Ablaufabschnitt vergeben und im Z2-Bogen als zusammengefasster Wert eingetragen (Bild).

Ablaufabschnitt	Zyklus	1	2	3	4	5	6	7	8	9	10
Werkstück bereitlegen	L					110					115
	ti	14	17	15	16	14	13	15	16	15	14
Liegt am Platz	F										

Bild 17: Vergabe des Leistungsgrades alle 5 Zyklen

In / 2, 5 / werden Richtwerte für die Häufigkeit der Leistungsgradvergabe genannt:

Mittlere Einzelzeit	Dauer der Zeitsstudie	Häufigkeit
> 25 HM	ohne Einfluss	bei jeder Messung
< 25 HM	< 30 min	zusammengefasst 1 x je Ablaufabschnitt
< 25 HM	> 30 min	zusammengefasst mehrmals je Ablaufabschnitt
< 15 HM	ohne Einfluss	zusammengefasst je Vorgang oder Zyklus

Hier stellt sich natürlich die Frage: „Sind die mittleren Einzelzeiten und die Studiendauer zu Beginn der Studie bekannt?"
Da sich diese Größen erst während der Studie ergeben, kann es sich bei der nebenstehenden Tabelle lediglich um grobe Richtwerte handeln.

Bild 18: Häufigkeit der Leistungsgradbeurteilung

Wenn man nicht bei jedem Messpunkt Leistungsgrade vergibt, stellt sich die Frage:

„Wie behandelt man Messpunkte bei denen kein Leistungsgrad eingetragen wurde?"

4.6 Auffüllen von Leistungsgraden

4.6.1 Rückwirkend pro Ablaufabschnitt

Bei dieser Methode wirken die vergebenen Leistungsgrade im entsprechenden Ablaufabschnitt bis zum vorher vergebenen Leistungsgrad zurück (siehe folgendes Bild).

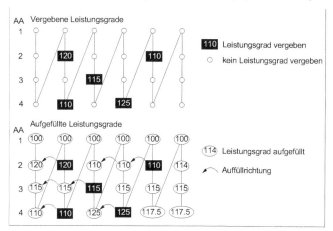

Bild 19: Rückwirkende LG-Vergabe im AA, Auffüllen nicht definierter mit gewichtetem Mittel

Wie man sieht, bleiben nach dem Auffüllen diejenigen Messpunkte, die nach der letzten Leistungsgradvergabe gemessen wurden, ohne definierten Leistungsgrad. Diese undefinierten Leistungsgrade können auf verschiedene Arten belegt werden.

- Auffüllen mit einem definierten Grundwert
- Auffüllen mit dem gewichteten Durchschnittswert
- Auffüllen mit dem letzten vergebenen Leistungsgrad im Ablaufabschnitt

Am folgenden Beispiel zeigen wir das rückwirkende Auffüllen der Leistungsgrade.

AA3	Bearbeiten	---	---	120	---	110	---	---

Dies wird dann wir folgt aufgefüllt:

AA3	Bearbeiten	120←	120←	120	110←	110	---	---

Die letzten beiden Messpunkte des Ablaufabschnitts werden wie folgt belegt:

Auffüllen der nicht definierten Leistungsgrade mit:

Grundwert:	AA3	Bearbeiten	120←	120←	120	110←	110	GW	GW
LG 100:	AA3	Bearbeiten	120←	120←	120	110←	110	100	100
Durchschnitt:	AA3	Bearbeiten	120←	120←	120	110←	110	116	116
Letztem:	AA3	Bearbeiten	120←	120←	120	110←	110	110	110

4.6.2 Rückwirkend pro Messpunkt

Bei diesem Modus wird der vergebene Leistungsgrad bis zum zuletzt vergebenen Leistungsgrad rückwärts aufgefüllt (unabhängig von Ablaufabschnitten). Ausgenommen von dieser Regelung sind alle Ablaufabschnitte mit Zeitarten, bei denen kein Leistungsgrad vergeben werden darf. Diese werden immer mit 100 % bewertet.

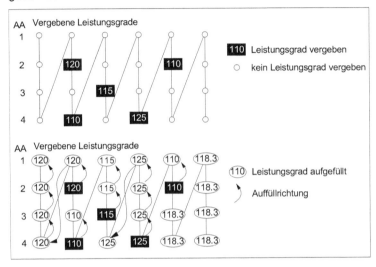

Bild 20: Rückwirkende LG-Vergabe pro MP, Auffüllen nicht definierter mit gewichtetem Mittel

Auch hier verbleiben nach dem Auffüllen diejenigen Messpunkte, die nach der letzten Leistungsgradvergabe gemessen wurden, ohne definierten Leistungsgrad. Diese können ebenfalls durch eine der folgenden Optionen belegt werden:

- Auffüllen mit einem definierten Grundwert
- Auffüllen mit 100 %
- Auffüllen mit dem gewichteten Durchschnittswert
- Auffüllen mit dem letzten vergebenen Leistungsgrad im Ablaufabschnitt

4.6.3 Mitschleppend pro Ablaufabschnitt

Wählt man diese Art der Leistungsgradvergabe, dann wird der gesetzte Leistungsgrad im Ablaufabschnitt solange beibehalten, bis ein neuer vergeben wird.

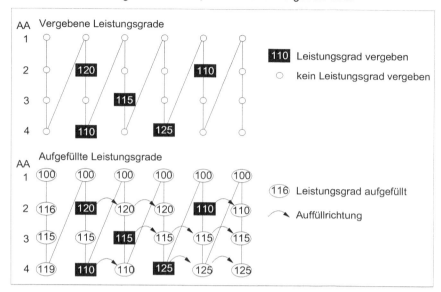

Bild 21: Mitschleppende LG-Vergabe im AA, Auffüllen nicht definierter mit gewichtetem Mittel

Bei dieser Methode kann es passieren, dass die ersten Messpunkte keinen Leistungsgrad erhalten. Diese undefinierten Leistungsgrade können wieder auf folgende Arten belegt werden:

- Auffüllen mit einem definierten Grundwert
- Auffüllen mit 100 %
- Auffüllen mit dem gewichteten Durchschnittswert
- Auffüllen mit dem ersten vergebenen Leistungsgrad im Ablaufabschnitt

4.6.4 Mitschleppend pro Messpunkt

Auch hier wirkt ein vergebener Leistungsgrad immer bis zur Vergabe des nächsten (unabhängig von Ablaufabschnitten). Er wird also über die gesamte Zeitstudie mitgeschleppt. Ablaufabschnitte bei denen kein Leistungsgrad vergeben werden darf erhalten natürlich 100%.

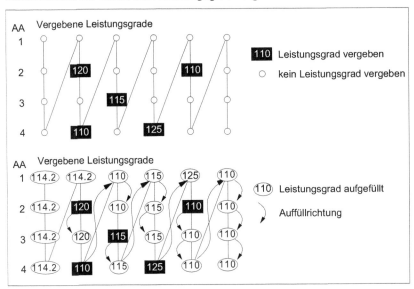

Bild 22: Mitschleppende Vergabe von Leistungsgraden für alle MP, Auffüllen der nicht definierten LG mit dem gewichteten Durchschnittswert

Auch hier gibt es für die undefinierten Leistungsgrade wieder die Füllmöglichkeiten:

- Auffüllen mit einem definierten Grundwert
- Auffüllen mit 100 %
- Auffüllen mit dem gewichteten Durchschnittswert
- Auffüllen mit dem ersten vergebenen Leistungsgrad im Ablaufabschnitt

4.6.5 Gesetzte LG im Ablaufabschnitt mitteln

Bei dieser Methode wird ein mittlerer Leistungsgrad aus den vergebenen Leistungsgraden eines Ablaufabschnittes berechnet. Dieser Leistungsgrad gilt dann für alle Messpunkte des Ablaufabschnitts.

4.6.6 Gesetzte LG in der Zeitstudie mitteln

Hier wird ein mittlerer Leistungsgrad aus allen vergebenen Leistungsgraden berechnet. Dieser Leistungsgrad gilt dann für alle Messpunkte der Zeitstudie.

4.7 Fehler bei der Leistungsgradbeurteilung

Wie unter 4.1 erwähnt, gelingen Schätzungen besser, wenn sich die zu schätzenden Objekte in einem für uns als normal anzusehenden Bereich befinden. Übertragen auf die Leistungsgradbeurteilung kann man sagen, dass ein Leistungsgrad in der Nähe der Normalleistung am besten erkannt wird. Dies liegt natürlich daran, dass wir uns alle mit dieser Normalleistung bewegen und dieses Bewegungsmuster bei uns besonders gut eingeprägt ist. Arbeitet eine Person mit einem höheren Leistungsgrad, wird dieses natürlich auch erkannt, aber der Fehler bei der Beurteilung wird mit zunehmendem Leistungsgrad immer größer. Erfahrung und viele praktische Übungen haben gezeigt, dass diese Fehler einem eindeutigen Trend unterliegen: Je höher der tatsächliche Leistungsgrad ist, desto größer wird der Fehler in Richtung niedrigerer Leistungsgrade. Hohe Leistungen werden häufig unterschätzt.

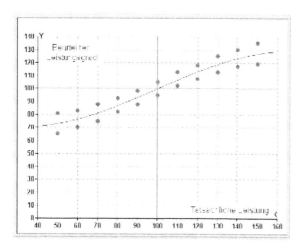

Bild 23: Tendenz beim Leistungsgradbeurteilen

Das gleiche gilt umgekehrt für niedrige Leistungsgrade: Je niedriger der tatsächliche Leistungsgrad ist, desto größer wird der Fehler in Richtung höherer Leistungsgrade. Bei niedrigen Leistungen neigen wir dazu, diese zu überschätzen.

Als Konsequenz kann man daraus ableiten, dass man möglichst Mitarbeiter beurteilen sollte, die in der Nähe der Normalleistung arbeiten. Bei extrem hohen oder niedrigen Leistungsgraden sollte auf die Beurteilung verzichtet und ein anderer Mitarbeiter gewählt werden.

Die Voraussetzungen für eine korrekte Leistungsgradbeurteilung sind:
- Die Leistung darf nicht zu hoch oder zu niedrig sein
- Die Arbeit muss beeinflussbar sein, d.h. der Mitarbeiter kann durch Veränderung von Intensität und Wirksamkeit die Arbeitsleistung beeinflussen
- Der Mitarbeiter muss die technischen und organisatorischen Umstände der Arbeit beeinflussen können
- Der Anteil an statischer Haltearbeit muss gering sein

5 Zeitaufnahme – Zeitstudie nach REFA

Die Zeitaufnahme (Zeitstudie) ist eine Methode, bei der Ist-Zeiten gemessen und ausgewertet werden, um damit Soll-Zeiten zu ermitteln / 2, 5 /.

5.1 Inhalte und Dokumentation von Zeitstudien

Inhalte von Zeitstudien

- Beschreibung des Arbeitssystems bestehend aus
    - Arbeitsverfahren
    - Arbeitsmethode
    - Arbeitsbedingungen
- Erfassung von
    - Bezugsmengen
    - Einflussgrößen
    - Anzahl Arbeitskräfte
- Beurteilung von Leistungsgraden
- Messung von Ist-Zeiten für einzelne Ablaufabschnitte (AA)
- Berechnung von Soll-Zeiten für bestimmte Ablaufabschnitte

Dokumentation von Zeitstudien

Anforderungen an die Dokumentation von Zeitaufnahmen

- Alle Angaben auf dem Zeitaufnahmebogen müssen reproduzierbar sein
- Die Begleitumstände, unter denen die Zeiten entstanden sind, müssen erfasst wer-
den
- Die Zeitaufnahme muss ein Abbild des beobachteten Arbeitssystems darstellen

Ziel der Dokumentation:

Aus der Dokumentation einer Zeitaufnahme muss es möglich sein, ein Arbeitssystem aufzu-
bauen, das vergleichbare Ergebnisse liefert.

Zur Dokumentation der Zeitstudiendaten stehen folgende Hilfsmittel zu Verfügung:
- Genaue Beschreibung der Ablaufabschnitte mit ihren Messpunkten
- Zuordnung der Zeitarten zu den Ablaufabschnitten
- Beschreibung des Arbeitssystems und der weiteren Arbeitsumgebung
- Anfertigung von Skizzen zur Dokumentation der räumlichen Gegebenheiten
- Einsatz von Foto- und Videokameras zur exakten Dokumentation von Arbeitssys-
tem und -ablauf
- Genaue Dokumentation aller Änderungen und Korrekturen, die sich im Laufe der
Auswertungen ergeben
- Verwendung von dokumentenechten Schreibgeräten

5.2 REFA Standardprogramm für Zeitstudien

Nach REFA / 2 / wird eine Zeitaufnahme in folgenden Schritten durchgeführt:

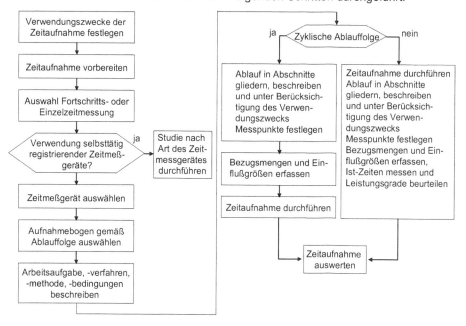

Bild 24: Standardablauf einer REFA-Zeitstudie

5.2.1 Verwendungszweck der Zeitstudie festlegen

Eine Zeitstudie kann für verschiedene Zwecke verwendet werden, z.B.:

- Planung, Kontrolle und Steuerung von Betriebsabläufen
- Entwicklung von Planzeitbausteinen für die Kalkulation
- als Grundlage für die Vorgangs- und Arbeitsplanung
- als Grundlage für die Kostenrechnung
- Ermittlung von Vorgabezeiten für die Entlohnung

Der Verwendungszweck einer Zeitaufnahme kann auch den Aufwand und die Vorgehens-weise bei der Durchführung beeinflussen. Hohe Ansprüche an Genauigkeit und Reproduzierbarkeit werden z.B. dann gestellt, wenn die Daten zur Entlohnung verwendet werden. Natürlich können Zeitstudien auch mehreren Verwendungszwecken dienen.

5.2.2 Zeitstudie vorbereiten

In der Regel werden folgende Tätigkeiten zur Vorbereitung von Zeitstudien durchgeführt:

- Alle Beteiligten sind über die Durchführung der Zeitstudie rechtzeitig zu informieren.
- Der Arbeitsplatz und die Abläufe sind vor Beginn der Studie zu besichtigen.
- Die Arbeitsperson wird darauf hingewiesen, dass während der Studie normale Arbeitsbedingungen vorliegen sollen.
- Die Arbeitsperson ist darüber zu informieren, dass sie weder eine besonders schnelle noch eine besonders langsame Arbeitsgeschwindigkeit einhält. Sie sollte eine aus ihrer Sicht normale Arbeitsausführung anstreben.
- Der Zeitstudienmitarbeiter muss sich und die beteiligten Personen über die tariflichen und betrieblichen Regelungen informieren und diese einhalten.
- Der Zeitstudienmitarbeiter muss sich und die beteiligten Personen über sicherheitsrelevante und sonstige Vorschriften informieren und diese einhalten.

5.2.3 Auswahl von Fortschrittszeit- oder Einzelzeitmessung

Für die ordnungsgemäße Durchführung von Zeitstudien sind entsprechende Zeitmessgeräte zu verwenden, die in der Zeiteinheit HM (hundertstel Minute) messen. Dies können im einfachsten Fall digitale Industriestoppuhren sein, wie sie z.B. von der Fa. Hanhart angeboten werden. Bei diesen kann man entweder zwischen Einzel- und Fortschrittszeit umschalten oder beide Anzeigen gleichzeitig sehen. Hier steht man also lediglich vor der Frage: „Sollen die Zeiten als Fortschritts- oder Einzelzeiten auf dem Erfassbogen notiert werden?".

Diese Frage kann eindeutig zugunsten der Einzelzeit beantwortet werden, denn die zu notierenden Fortschrittszeiten werden mit zunehmender Zeitdauer der Studie immer länger, so dass ein erhöhter Schreibaufwand erforderlich ist. Außerdem müssen bei Aufschreibung der Fortschrittszeiten die Einzelzeiten berechnet werden, was allerdings mit Hilfe von Computerprogrammen eine leichte Übung ist.

In zunehmendem Maße werden heute für die Durchführung von Zeitstudien professionelle elektronische Zeitmessgeräte verwendet, die ohnehin Einzelzeiten und Fortschrittszeiten automatisch erfassen und berechnen, so dass sich die Frage nach Fortschrittszeit- oder Einzelzeitmessung nicht stellt.

5.2.4 Verwendung selbsttätig registrierender Zeitmessgeräte

Wie bereits erwähnt, ist es mittlerweile gängige Praxis, professionelle Zeitstudiengeräte einzusetzen, so dass diese Frage eindeutig mit **JA** zu beantworten ist. Damit könnten wir hier unsere Beschreibung des Standardablaufs beenden und auf die Dokumentation des jeweiligen Systems verweisen. Der Vollständigkeit halber wollen wir jedoch trotzdem die restlichen Punkte beschreiben.

5.2.5 Zeitmessgeräte, Auswahl und Anforderungen

In der Regel wird man das vorhandene Zeitmessgerät verwenden, zum Beispiel:

- digitale Stoppuhr mit der Zeiteinheit HM (hundertstel Minute)
- handelsübliches Notebook, Netbook oder auch Tablett-PC mit entsprechender Erfassungs- und Auswertungssoftware
- ergonomisch gestaltetes professionelles Zeitstudiensystem

Auch der Einsatz von videogestützten Zeitstudien hat in letzter Zeit an Bedeutung gewonnen. Hierbei wird vor Ort der Arbeitsablauf videografiert und anschließend die Zeitstudie am PC bei laufendem Video – an die Aufnahmesoftware angekoppelt – durchgeführt

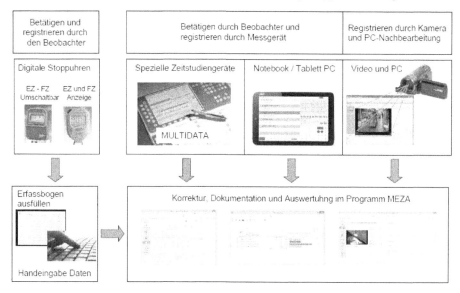

Bild 25: Einteilung der Zeitmessgeräte (Bilder: DRIGUS)

Die Anforderungen an Zeitstudiengeräte kann man wie folgt beschreiben:

Allgemeine Anforderungen

- bedienungsgerechte Konstruktion
- Entlastung des Beobachters durch Bedienkomfort
- hohe Ganggenauigkeit
- Zeitmessung in HM

Technische Anforderungen bei registrierenden Geräten

- ausreichender Datenspeicher
- Warnung vor Energiemangel und Abschaltung
- Datenerhalt bei Abschaltung
- Schutz vor Staub, Spritzwasser, Ölnebel, Erschütterungen und Hitze oder Kälte

Anforderungen an EDV-gestützte Auswertungssysteme

- Programme sollen vom Anwender nicht geändert werden können
- Alle gemessenen Zeiten müssen als FZ und EZ gespeichert und angezeigt werden
- Alle Korrekturen während und nach der Zeitstudie müssen protokolliert werden
- Änderungsprotokoll kann zu jedem Zeitpunkt abgerufen und ausgedruckt werden
- Bei speziellen Zeitstudiengeräten muss eine Urdatei erstellt werden, die nicht verändert werden kann
- Bei EDV-gestützter Auswertung sind die Zuschläge zu berücksichtigen
- Bei Planzeitbildung sind Einflussgrößen, Formeln und Kenngrößen auszuweisen
- Sicherstellung der Mitarbeiterqualifikation durch Systemschulung

5.2.6 Aufnahmebogen gemäß Ablauffolge auswählen

Der REFA-Verband stellt für die verschiedenen Arten von Zeitstudien folgende Erfassbögen zur Verfügung / 2 /:

Z1   für Abläufe ohne Wiederholungen (Hochformat oder Querformat)

Z2   für Abläufe mit Wiederholungen

Z3   für Gruppen- oder Mehrstellenarbeit

V1   Ergebnisbogen für Verteilzeitaufnahme

V2   Aufnahmebogen für Verteilzeitaufnahme

V3   Sortierbogen für Verteilzeitaufnahme

V4   Zusammenstellungsbogen für Verteilzeitaufnahme

V5   grafischer Aufnahmebogen für Verteilzeitaufnahme

Die für manuelle Zeitstudien am häufigsten verwendeten Bögen sind Z1 und Z2. Zu den verschiedenen Erfassbögen gibt es bei REFA noch zusätzliche Ergänzungsbögen, falls ein Bogen nicht ausreicht. Die folgendes Bilder zeigen die verschiedenen Ablauffolgen nach REFA:

Nr.	Ablaufabschnitt und Messpunkt	BZM	Zy mz	1	2	3	4	5	6	7	8	9	10
1	Werkstück aufnehmen und Einlegen in Stanze	1	L										
			ti										
	Auslösen		F	●	●	●	●	●	●	●	●	●	●
2	Arbeitshub und Werkstück ablegen	1	L										
			ti										
	Nächstes Teil greifen		F	●	●	●	●	●	●	●	●	●	●

Bild 26: Zyklische Ablauffolge

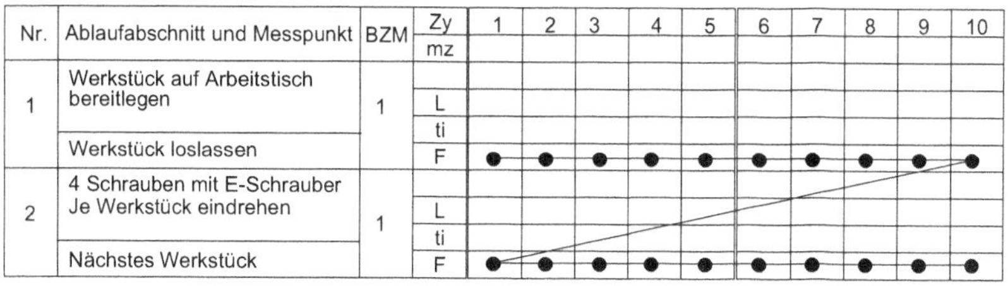

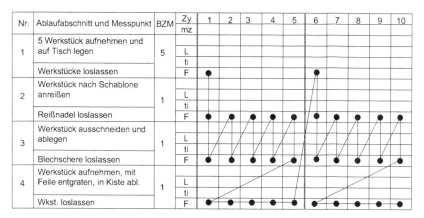

Bild 27: Reihenweise Ablauffolge

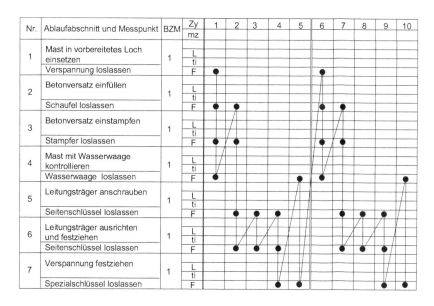

Bild 28: Wechselnde Ablauffolge

Bild 29: Unregelmäßige Ablauffolge

5.2.7 Arbeitsaufgabe, -verfahren, -methode und -bedingungen

Die zur Dokumentation der Zeitstudien erforderlichen Schritte und Hilfsmittel wurden bereits in Abschnitt 5.1 erläutert. Das REFA-Deckblatt dient zur Dokumentation der Zeitstudie. Einige Felder können vor Beginn der Studie ausgefüllt werden, andere werden erst nach Abschluss und Auswertung der Studie belegt. Es gibt folgende Datenfelder im Z2-Bogen:

5.2.7.1 Ablage Nummer

Im Prinzip ist dies der Name der Zeitstudie. Durch die Ablagenummer und das zugehörige Ablagesystem soll es möglich sein, eine gesuchte Zeitstudie schnell wieder aufzufinden. Je nach Größe und Umfang des betreffenden Ablagesystems können Ablagenummern unterschiedlich aufgebaut sein.

Beispiel für den Aufbau einer Ablagenummer:

Stelle	Bedeutung	Kürzel	Bedeutung
1-2	Standort	HH	Hamburg
		DO	Dortmund
		EL	Elspe
3-5	Abteilung	DRE	Dreherei
		EMO	Endmontage
		VUV	Verpackung und Versand
6-8	Arbeitsplatz	100	Blechzuschnitt
		103	Mehrblattsäge
		305	Montageplatz Nummer
9-10	Zeitstudienmitarbeiter	AB	Alfred Bender
		US	Ursula Schmidt
11-13	Laufende Nummer	001, 002,...	

Hiermit könnte eine Zeitstudie wie folgt benannt werden: DO-EMO-305-AB-005

Ob nun die Bestandteile des Ablageschlüssels durch ein Trennzeichen getrennt werden oder nicht ist Geschmacksache. Übersichtlicher wird es mit Trennzeichen auf jeden Fall.

5.2.7.2 Arbeitsaufgabe

Dieses Datenfeld ist für eine kurze Beschreibung (1 Zeile) vorgesehen, z.B.:

- Blechzuschnitt Vorder- und Rückseite Podest
- Heften und schweißen Vorderseite auf Bodenblech / Podest
- Abkanten Trittblech Podest
- Montage Schaltschrank Typ ASK 280
- Prüfen Schaltschrank Typ ASK 280

5.2.7.3 Auftragsnummer

Die Auftragsnummer befindet sich meistens auf den Arbeitspapieren, z.B. auf dem Arbeitsplan, der beim Anmelden des neuen Auftrags ausgedruckt wird.

5.2.7.4 Auftragsmenge m

Dies ist die Menge von Produkten eines Fertigungsauftrags. Sie wird auch als Losgröße bezeichnet. Es ist die Anzahl gleichartiger Produkte, die unter einem gemeinsamen Auftrag zusammengefasst werden.

5.2.7.5 Abteilung und Kostenstelle

Unter diesen Begriffen wird in der Regel die räumliche und/oder organisatorische Zuordnung zum Arbeitsverfahren verstanden, z.B.:

Abteilung: Dreherei   Kostenstelle: CNC-Drehmaschine 04

Häufig sind derartige Informationen in Datenbanktabellen hinterlegt, welche einen eindeutigen Zuordnungsschlüssel besitzen.

5.2.7.6 Datum der Zeitaufnahme, Uhrzeit Beginn und Uhrzeit Ende

Im REFA-Formular wird davon ausgegangen, dass eine Zeitstudie sich nicht über mehrere Tage erstreckt. Es kommt natürlich sehr wohl vor, dass eine Zeitstudie z.B durch das Ende der Arbeitszeit unterbrochen und an einem späteren Tag fortgeführt wird. Deshalb wird im Rahmen der EDV-gestützten Zeitstudie zwischen „Beginn **Datum** und **Uhrzeit**" und „Ende **Datum** und **Uhrzeit**" unterschieden. Außerdem kann eine Zeitstudie auch durch andere Ereignisse, z.B. durch Pausen oder andere Arbeiten unterbrochen werden. Auch diese Beginn- und Ende-Zeiten müssen natürlich erfasst werden.

5.2.7.7 Beginn Menge und Ende Menge

Hier soll eingetragen werden, bei welcher Menge der Zeitaufnahme die Studie begonnen und beendet wurde. Zweckmäßiger erscheint hier eine Angabe über die beobachtete Menge. Diese lässt sich aus der Anzahl der Messpunkte und der Bezugsmenge ableiten.

5.2.7.8 Dauer

Die Dauer einer Zeitstudie ist gleich der letzten Fortschrittszeit. Bei zusammenhängenden Studien ist die Dauer identisch mit der Differenz aus Ende, Datum, Uhrzeit – Beginn, Datum, Uhrzeit.

5.2.7.9 Zeichnungsfeld

Hier sollte eine Zeichnung oder Skizze eingezeichnet werden. In der heutigen Zeit der digitalen Medien ist es natürlich besser, ein oder mehrere Fotos für die Dokumentation zu verwenden. Im Rahmen der EDV-gestützten Zeitstudie können Fotos, Videos und andere Dokumente in einem Mediacontainer direkt eingebunden werden.

5.2.7.10 Zusammenstellung der Zeit je Einheit

In diese Felder wird zunächst der Übertrag der berechneten Grundzeit tg eingetragen. Anschließend können weitere Grundzeiten ausgewiesen werden, welche bei der vorliegenden Zeitstudie nicht erfasst wurden, z.B. die Zeit für das Wechseln der Palette.
Hierzu ein Beispiel:
In der Zeitstudie wird das Biegen von Blechen mit folgenden Ablaufabschnitten erfasst:

Bezeichnung des Ablaufabschnitts	Messpunkt
Teil von Palette nehmen und gegen Anschlag positionieren	auslösen Biegehub
Biegehub	hochfahren Biegewerkzeug
Teil drehen um 180° und gegen Anschlag positionieren	auslösen Biegehub
Biegehub	hochfahren Biegewerkzeug
Teil drehen um 90° und gegen Anschlag positionieren	auslösen Biegehub
Biegehub	hochfahren Biegewerkzeug
Teil drehen um 180° und gegen Anschlag positionieren	auslösen Biegehub
Biegehub	hochfahren Biegewerkzeug
Teil auf Palette für Fertigteile ablegen	nächstes Teil greifen

Mit jedem dieser Zyklen ist ein weiteres Biegeteil fertiggestellt. Nach 32 Zyklen liegt das erreichte zyklische Epsilon (vgl. Abschnitt 5.2.9.3) bei ε = 3,4 %. Da das geforderte ε' bei 6% liegt, kann der Zeitstudienmitarbeiter die Zeitstudie getrost beenden. Er wartet also den Ablaufabschnitt „Palette wechseln" nicht ab, sondern beendet die Zeitstudie, um diese auszuwerten. Als Ergebnis erhält er eine Grundzeit von tg = 72,6 HM. Um nun die Zeit für das Wechseln der beiden Paletten ebenfalls zu berücksichtigen, schaut er in den vorhandenen Planzeitkatalog und sieht, dass diese Wechselzeit dort mit 296 HM eingetragen ist. Er trägt also in das Feld für zusätzliche Zeiten folgendes ein:

Palette wechseln Rohteilpalette 296 HM.   Anzahl Rohteile auf Palette 400 → 0,74 HM
Palette wechseln Fertigteilpalette 296 HM.   Anzahl Fertigteile auf Palette 150 → 1,97 HM

In das Feld „Grundzeit" trägt er dann die Summe der Zeiten tg = 75,31 HM ein. In die darunter liegenden Felder werden noch die Zuschläge für Erholungszeit, Verteilzeit und sonstige Zuschläge notiert, so dass anschließend das Feld für die Zeit je Einheit te1 ausgefüllt werden kann:

Grundzeit	tg	=	75,31	HM
Erholungszeit ter bei Zer = 0%	ter	=	0	HM
Verteilzeit tv bei Zv=11%	tv	=	8,28	HM
sonstige Zuschläge 0%	tsonst	=	0	HM
Zeit je Einheit	te1	=	83,59	HM

Zuschlagszeiten von 0 werden üblicherweise nicht eingetragen.

Zusätzlich gibt es noch Datenfelder zum Eintragen der Zeiten für 10, 100 oder 1000 Stück und für die Rüstzeit. Interessant ist, dass an dieser Stelle nicht Rüstgrundzeit, Rüstverteilzeit (bzw. Rüstverteilzeitzuschlag) und Rüstzeit unterschieden werden. Dieser Mangel kann durch Verwendung individueller, selbst gestalteter Deckblätter umgangen werden.

5.2.7.11 Arbeitsverfahren und -methode

Nach REFA / 2 / ist hier in Kurzfassung eine Beschreibung des Arbeitsverfahrens und der Arbeitsmethode anzugeben. Da aber in der Regel die Ablaufabschnitte die Beschreibung bereits liefern, ist es üblich und zur Vermeidung von Doppelarbeit sogar sinnvoll, einfach auf die Rückseite des Erfassungsbogens zu verweisen, z.B.: „siehe Rückseite".

5.2.7.12 Arbeitsgegenstand

An dieser Stelle werden Informationen über das zu bearbeitende Werkstück angegeben. Diese Informationen gehen natürlich auch aus den Arbeitspapieren hervor.

5.2.7.13 Mensch

Das Feld „Mensch" enthält Angaben über die Arbeitsperson. Diese Informationen sind in der Regel in der Personalliste enthalten. Es reicht hier also aus, die Personalnummer zu erfassen.

5.2.7.14 Betriebsmittel

Normalerweise sind diese Informationen schon durch Abteilung und Nummer der Kostenstelle festgelegt.

5.2.7.15 Umgebungseinflüsse

In diesem Feld können Hinweise zu besonderen Umgebungseinflüssen notiert werden. Wenn die Umgebungseinflüsse den Arbeitsablauf über das normale Maß hinaus beeinträchtigen, sollte eigentlich keine Zeitstudie durchgeführt werden. Finden die Arbeiten z.B. im Tiefkühlbereich einer Firma statt, muss natürlich die dort vorherrschende Temperatur auch nicht erwähnt werden, da diese allgemein vorgeschrieben ist. In der Regel bleibt dieses Feld also leer.

5.2.7.16 Entlohnung

An dieser Stelle wird die Art der Entlohnung dokumentiert, z.B. Akkord, Prämienlohn oder Zeitlohn. Auch diese Information sollte aus der Personalliste hervorgehen.

5.2.7.17 Bemerkungen

Hier können – falls erforderlich – weitere Informationen über die Arbeitsbedingungen eingetragen werden, z.B. Angaben über Sicherheits- oder Arbeitsschutzbestimmungen.

5.2.7.18 Qualität des Arbeitsergebnisses

Natürlich sollte die Arbeitsaufgabe so ausgeführt werden, dass das Arbeitsergebnis brauchbar ist. Ist dies nicht der Fall, dann muss auch die Zeitstudie verworfen werden. Also bleibt auch dieses Feld in der Regel leer.

5.2.7.19 Bearbeiter, Prüfer und Gültigkeit

Bearbeiter:	Name des Zeitstudienmitarbeiters
geprüft:	soweit erforderlich der Name des Prüfers
Datum:	fälschlicherweise wird hier bei REFA das Datum der Zeitstudie genannt. Dieses wurde jedoch weiter oben bereits genannt. Sicherlich ist hier das Datum der Prüfung gemeint.
gültig ab / gültig bis:	diese Angaben sind oft: „ab sofort / unbestimmt"

5.2.7.20 Kritische Anmerkungen zu den Daten im REFA-Deckblatt

Zunächst ist anzumerken, dass das Aussehen des REFA-Deckblatts seit 1971 unverändert geblieben ist. Inzwischen ist aber viel geschehen. Insbesondere die rasante Entwicklung der EDV hat vieles bei der Informationsgewinnung grundsätzlich verändert. Über vernetzte Datenstrukturen ist es möglich, durch die Eingabe eines Datenschlüssels eine Fülle von Informationen über die Arbeitsaufgabe, das Betriebsmittel und die betrieblichen Randbedingungen zu erhalten.

Die Vorstellung, dass der Zeitstudienmitarbeiter seinen REFA-Bogen ausfüllt und diesen dann zusammen mit den Ergebnissen der Zeitstudie in einem Ordner abheftet, wirkt in diesem Zusammenhang geradezu anachronistisch. Abgesehen davon ist die vorschreibende Art des REFA-Deckblatts zu kritisieren. Natürlich sind einige Angaben unerlässlich, wie z.B.: Ablage-Nr., Arbeitsaufgabe oder Beginn und Ende der Studie. Aber es gibt in jeder Firma andere Informationen, die zur Beschreibung der Zeitstudien wichtig sind.

Eine Alternative zum REFA-Deckblatt ist deshalb der speziell auf die Firmenbedürfnisse zugeschnittene Erfassbogen, möglichst mit Anbindung an externe Informationsquellen (z.B. Kostenstellen oder Personallisten). Professionelle Zeitstudiensysteme erlauben die Gestaltung solcher individueller Formulare.

5.2.8 Durchführung einer Zeitstudie

5.2.8.1 Durchführung einer zyklischen Zeitstudie

Gesamtablauf in Ablaufabschnitte gliedern und beschreiben

Diese Tätigkeit muss vor Beginn der eigentlichen Zeitstudie durchgeführt werden. Dabei sollten die Umfänge der Ablaufabschnitte nicht zu groß und auch nicht zu klein gewählt werden, sondern so, dass der Ablaufabschnitt ein zusammenhängendes, in sich abgeschlossenes Gebilde darstellt, welches auch für andere Zwecke als für die aktuelle Zeitstudie verwendet werden kann. Außerdem sollte für jeden Ablaufabschnitt der Messpunkt - der Zeitpunkt des Messens - festgelegt werden.

Bezeichnung des Ablaufabschnitts	Messpunktbeschreibung
Werkstück mit Spannschlüssel festspannen	Spannschlüssel ablegen

Umfänge von Ablaufabschnitten im Rahmen von Zeitstudien

Da die Wahl des Umfangs von Ablaufabschnitten so wichtig ist, wollen wir hier näher auf diese Problematik eingehen. In Abschnitt 3.1 haben wir bereits die Beschreibung der verschiedenen Ablaufabschnitte erwähnt. Auch dort spielten die Umfänge eine Rolle für deren Beschreibung:

Makroabläufe:	Gesamtablauf	Teilablauf	Ablaufstufe	Vorgang
Mikroabläufe:	Vorgang	Teilvorgang	Vorgangsstufe	Vorgangselement

Folgende Ablaufabschnitte können wir für die Verwendung in Zeitstudien ausschließen:

Gesamtablauf	Teilablauf	Ablaufstufe
z.B. Getriebe herstellen	z.B. Radsatz 1 herstellen	z.B. Welle herstellen

Zur Ausführung dieser Makroabläufe sind nämlich mehrere Arbeitsverfahren notwendig.

Die nächst niedrigere Stufe – der Vorgang – steht für die verschiedenen Arbeitsverfahren, z.B. Sägen, Endenbearbeiten, Drehen, Nut Fräsen.

Auf dieser Stufe ist sicherlich die gesamte Zeitstudie anzusiedeln. Man macht eine Zeitstudie für das Sägen, eine andere für Endenbearbeiten usw. Da eine Zeitstudien weiter in Ablaufabschnitte untergliedert wird, kommen hierfür die Teilvorgänge und Vorgangsstufen in Frage. Der Vorgang „Welle drehen" könnte z.B. wie folgt in Ablaufabschnitte unterteilt werden:

Rohling in Futter Spannen	Teilvorgang
Andrehen Lagersitz	Vorgangsstufe
Messen	Vorgangsstufe
...	
Umspannen Welle	Teilvorgang

Wir haben also die Zeitstudie (den Vorgang) in Teilvorgänge und Vorgangsstufen unterteilt und nennen diese Ablaufabschnitte der Zeitstudie.

Wie verhält es sich mit den Vorgangselementen der untersten Ebene? Diese sind für die Verwendung als Ablaufabschnitte in Zeitstudien völlig ungeeignet, weil sie viel zu fein untergliedern. Der Aufwand für Erfassung und Auswertung wäre unverhältnismäßig groß.

Fazit:

Die Ablaufabschnitte einer Zeitstudie werden aus Teilvorgängen und Vorgangsstufen gebildet. Da sich diese immer aus denselben Vorgangselementen zusammensetzen, können aus den gewonnenen Zeiten beliebige weitere Vorgänge gebildet werden (Planzeitbildung und -verwendung).

Nachteile einer gröberen Unterteilung

- die gewonnenen Zeiten sind nicht universell verwendbar, so dass das Ergebnis nur für diesen einen Auftrag verwendet werden kann.
- es lassen sich keine Gründe für die Ursachen zu großer Zeiten aufzeigen, wenn die Zeit insgesamt als zu groß einzustufen ist

Nachteile einer feineren Unterteilung

- der Aufwand für Erfassung und Auswertung der Daten ist unverhältnismäßig groß
- der Aufwand für die spätere Datenverwendung ist ebenfalls sehr groß
- es ergeben sich keine oder nur geringe Vorteile bei der Genauigkeit der Daten im Rahmen der Kalkulation mit Planzeiten

Sinnvoll ist in diesem Zusammenhang die Anlage und Verwendung von Katalogen (Daten-bank), die sämtliche Informationen über die verwendeten Arbeitsverfahren und Ablaufab-schnitte enthalten.

Bezugsmengen erfassen

Eine Bezugsmenge dient dazu, die Zeit für einen Ablaufabschnitt auf ein Stück zu bezie-hen. Dabei gibt es genau drei Fälle:

1. In der benötigten Zeit wird genau ein Stück hergestellt bzw. gehandhabt

In diesem wohl häufigsten Fall wird in der benötigten Zeit für den Ablaufabschnitt genau ein Werkstück fertig. Die Bezugsmenge ist dann genau 1. Beispiele:

Teil einspannen in Vorrichtung
Teil mit Kran transportieren
Welle fertig drehen
Gehäuse fräsen

2. In der benötigten Zeit werden n>1 Stück hergestellt bzw. gehandhabt

Hier werden im Rahmen eines Ablaufabschnitts mehrere Teile fertig. Um den Zeitanteil für **ein Teil** zu erhalten, muss durch die Bezugsmenge **n** dividiert werden. Beispiele:

Ablaufabschnitt	Bezugsmenge n
Palette wechseln	Anzahl der Teile auf der Palette
Flachschleifen von Kubuskörpern	Anzahl Werkstücke auf Magnetspannplatte
Zählen von gleichartigen Kolli	Anzahl der Kolli auf dem Kommissionierwagen
Material am Arbeitsplatz bereitlegen	Anzahl der bereitgelegten Teile

3. In der benötigten Zeit sind mehrere gleiche Ablaufabschnitte für ein Teil erforderlich

Ein typischer Fall ist das Bohren von mehreren gleichen Löchern an einem Werkstück. Hierzu müssen z.B. folgende Ablaufabschnitte erfasst werden (2 Bohrungen je Werkstück):

AA1 Verfahren zur 1. Bohrung	AA1 Verfahren zur 1. Bohrung
AA2 Vorbohren 1. Bohrung	AA4 Fertigbohren 1. Bohrung
AA1 Verfahren zur 2. Bohrung	AA1 Verfahren zur 2. Bohrung
AA2 Vorbohren 2. Bohrung	AA4 Fertigbohren 2. Bohrung
AA3 Werkzeugwechsel	AA3 Werkzeugwechsel

Das Verfahren zu den Bohrungen (AA1) kommt je Werkstück viermal vor. Also muss die mittlere Zeit hierfür jeweils mit 4 multipliziert werden, um zur korrekten Verfahrzeit für das Werkstück zu gelangen. Da jedoch grundsätzlich durch die Bezugsmenge dividiert wird, verwendet man hier BZM = 0,25 = 1 / 4, was einer Multiplikation mit 4 entspricht.

Das Vorbohren (AA2), der Werkzeugwechsel (AA3) und das Fertigbohren (AA4) kommen je Werkstück zweimal vor. Deshalb ist hierfür die Bezugsmenge = 0,5 = 1 / 2 zu verwenden.

Weitere Beispiele:

- Lösen von Radmuttern je Rad
- Anbringen von Hebemitteln je Großwerkstück

Einflussgrößen (EFG) erfassen

Einflussgrößen sind Werte, die bei ihrer Veränderung eine Größenänderung einer Messgröße hervorrufen. Somit sind sie die *Verursacher* der Streuung einer Messgröße, auch Zielgröße genannt. Man kann auch sagen, dass jede Streuung einer Mess- oder Zielgröße durch eine oder mehrere Einflussgrößen hervorgerufen wird / 4 /.

Beispiele:

Einflussgröße	Einheit	veränderliche Zielgröße	Einheit
Temperatur	°C	Länge von Bauteilen	mm
Gaspedalstellung	Grad	Fahrgeschwindigkeit	km/h
Steigung	Grad	Fahrgeschwindigkeit	km/h
Zerspanvolumen	mm³	Zeit für das Zerspanen	HM
Anzahl Schrauben	-	Zeit für das Verschrauben	HM
Gewicht	N	Zeit für den Transport	HM
Wegstrecke	m	Wahl des Transportmittels	-

Einflussgrößen lassen sich genauso unterteilen, wie die Datenarten (vgl. Abschnitt 2.1). Im Rahmen von Zeitstudien werden Einflussgrößen erfasst, die die Dauer der Ausführung der Arbeiten beeinflussen. Da die Wahl des Transportmittels die Zeit für die Ausführung des Transports beeinflusst, handelt es sich hierbei auch um eine Einflussgröße. Sie drückt die qualitative Auswahl des bestgeeigneten Transportmittels aus.

Wegstrecke [m]	geeignete Transportmittel
0 – 500	keines, Schubkarre, Handhubwagen, Gabelstapler
500 – 2.000	Handhubwagen, Gabelstapler, Fahrrad
1.000– 1.000.000	PKW, LKW, Eisenbahn, Flugzeug, Schiff
1.000.000 – 10.000.000	Schiff , Flugzeug

Natürlich hängt die Auswahl des Transportmittels nicht allein von der Wegstrecke ab. Weitere Einflüsse sind z.B. Transportgewicht, Dringlichkeit, Empfindlichkeit, Verfügbarkeit usw.

Einflussgrößen gehen **nicht** in die Vorgabezeit einer Zeitstudie ein. Sie dienen allein der späteren Planzeitbildung durch Regressionsrechnung (quantitative EFG), der Entwicklung von Formeln mit Wenn-Dann-Bedingungen (qualitative EFG) und der Dokumentation.

Unterschiede und Gemeinsamkeiten von Bezugsmengen und Einflussgrößen

Es gibt Fälle, in denen die Bezugsmenge die Zeit für die Ausführung nicht beeinflusst. Dies ist z.B. beim Wechseln einer Palette mit der Bezugsmenge „Anzahl Teile auf Palette" der Fall. Es kommt beim Durchführen der Tätigkeit nicht auf die Teilezahl je Palette an; die Tätigkeit dauert in der Regel immer gleich lang. Bei einer späteren Planzeitbildung (vgl. Abschnitte 7.5 und 7.12 ff) wird also ein Mittelwert aller erfassten Zeitwerte für das „Palette wechseln" gebildet. Im Rahmen der Datenverwendung – bei der Kalkulation – ist dann natürlich die Einflussgröße „Anzahl Teile auf Palette" abzufragen. Durch diesen Wert wird nämlich der Mittelwert für „Palette wechseln" dividiert, um so die Zeit je Teil zu bestimmen.

Auf der anderen Seite gibt es Fälle, in denen die Bezugsmenge die Zeit für die Ausführung beeinflusst. Die Bezugsmenge ist in diesem Fall auch eine Einflussgröße. Betrachten wir als Beispiel das Flachschleifen von Kubuskörpern mit der Bezugsmenge „Anzahl Werkstücke auf Magnetspannplatte". Die Zeit für den Schleifprozess hängt dabei u.a. von dem Zerspanvolumen ab, welches sich aus dem Aufmaß s und der abzuschleifenden Fläche A berechnen lässt. Die abzuschleifenden Fläche hängt jedoch unmittelbar von der Anzahl der Werkstücke ab, denn es gilt:

$A_s = n \cdot l \cdot b$ mit   n: Anzahl   l: Länge Bauteil   b: Breite Bauteil

Es gilt also für das Zerspanvolumen: $V_z = A_s \cdot s = n \cdot l \cdot b \cdot s$

Neben der reinen Zerspanungszeit gibt es noch Zeiten für den Anlauf und den Überlauf. Gehen wir einmal von der vereinfachten Annahme aus, dass diese Zeiten nicht von der Anzahl der Teile abhängen, sondern konstant sind, dann also gilt: $t_{a\ddot{u}} = \text{konstant}$

Somit lässt sich die gesamte Bearbeitungszeit wie folgt berechnen:

$$t_s = t_{a\ddot{u}} + \frac{V_z}{P_z} = t_{a\ddot{u}} + \frac{n \cdot l \cdot b \cdot s}{P_z} \quad \text{mit } P_z: \text{Zerspanungsleistung}$$

Um nun die Zeit für ein Teil zu erhalten, muss man durch die Stückzahl n dividieren:

$$t_{a1} = \frac{t_{a\ddot{u}} + \frac{V_z}{P_z}}{n} = \frac{t_{a\ddot{u}} + \frac{n \cdot l \cdot b \cdot s}{P_z}}{n} = \frac{t_{a\ddot{u}}}{n} + \frac{l \cdot b \cdot s}{P_z}$$

Zeitaufnahme durchführen

Bei einer zyklischen Zeitstudie wird der Zyklus immer wieder durchlaufen und je Zyklus werden ein oder mehrere Teile fertiggestellt. Vor Beginn des ersten Zyklus kann es vorkommen, dass vorbereitende Tätigkeiten beobachtet werden. Es handelt sich hierbei um Rüstzeiten, mit denen das Arbeitssystem in die Lage versetzt wird, zu produzieren.

Beim Gesenkbiegen sind dies z.B.:

01 Arbeitspapiere drucken und lesen
02 Demontage der Werkzeuge des Vorauftrags
03 Montage der Werkzeuge des Folgeauftrags
04 CNC-Programm aufrufen und prüfen
05 Anschläge einstellen
06 Probestück anfertigen und messen

Danach beginnt der eigentliche Zyklus:

Nr. und Bezeichnung des Ablaufabschnitts	Messpunkt
07 Teil von Palette nehmen und gegen Anschlag positionieren	auslösen Biegehub
08 Biegehub	hochfahren Biegewerkzeug
09 Teil drehen um 180° und gegen Anschlag positionieren	auslösen Biegehub
10 Biegehub	hochfahren Biegewerkzeug
11 Teil drehen um 90° und gegen Anschlag positionieren	auslösen Biegehub
12 Biegehub	hochfahren Biegewerkzeug
13 Teil drehen um 180° und gegen Anschlag positionieren	auslösen Biegehub
14 Biegehub	hochfahren Biegewerkzeug
15 Teil auf Palette für Fertigteile ablegen	nächstes Teil greifen

Von Zeit zu Zeit ist es erforderlich, die Palette mit den Rohteilen oder die Palette mit den Fertigteilen zu wechseln. Es kommen also noch zwei weitere Ablaufabschnitt hinzu:

16 Rohteilpalette wechseln	nächstes Teil greifen
17 Fertigteilpalette wechseln	nächstes Teil greifen

Des Weiteren können sachliche Verteilzeiten (Störungen) und auch persönliche Verteilzeiten (Austreten) auftreten, die natürlich ebenfalls zu erfassen sind.

20 Störung an Biegemaschine beseitigen
21 persönliche Verteilzeit

Bei der Durchführung der Zeitstudie sollten die Leistungsgrade (vgl. Abschnitt 4) beurteilt und entsprechend eingetragen werden.

5.2.8.2 Durchführung einer nichtzyklischen Zeitstudie

Bei einer nichtzyklischen Zeitstudie (Ablaufstudie) ist es in der Regel nicht möglich, den Ablauf im Voraus zu planen. Man wird also zu dem Arbeitsplatz gehen und die Zeitstudie möglichst bei Auftragsbeginn starten. Bei laufender Studie muss der Zeitstudienmitarbeiter entscheiden, welcher Ablaufabschnitt gerade läuft und er muss einen entsprechenden Eintrag in seinem Erfassbogen machen. Setzt der Zeitstudienmitarbeiter ein professionelles Zeitstudiengerät, einen Tablett PC oder ein Netbook zur Durchführung ein, dann hat er Zugriff auf die in den Stammdaten angelegten Ablaufabschnitte, so dass er diese der aktuell laufenden Tätigkeit zuordnen kann. Ist der entsprechende Ablaufabschnitt nicht in den Stammdaten enthalten, dann kann der Eintrag direkt vor Ort erfolgen, z.B. über die Tastatur, das Display oder mit Handschrifterkennung. Eine Ablaufstudie könnte z.B. folgende Ablaufabschnitte enthalten:

01   Teil mit Wagen holen
02   Teil mit Kran vom Wagen auf Arbeitsvorrichtung heben
03   Teil messen und Messergebnis in das Protokoll eintragen
04   Teil 1. Seite montieren
05   Teil 2. Seite montieren
06   ...

Natürlich müssen auch hier Bezugsmengen und Einflussgrößen erfasst und die Leistungsgrade (vgl. Abschnitt 4) beurteilt und entsprechend eingetragen werden.

5.2.9 Auswertung einer Zeitstudie

Nach REFA / 2, 5 / wird eine Zeitstudie in folgenden Schritten ausgewertet:

5.2.9.1 Überprüfung auf Richtigkeit und Vollständigkeit

Zunächst muss überprüft werden, ob die Angaben zur Dokumentation der Zeitstudie korrekt und vollständig sind.

- Angaben zu den Arbeitsbedingungen
- Beschreibung der Ablaufabschnitte mit Messpunkten und zugehörigen Messwerten
- Bezugsmengen und Einflussgrößen
- Angaben über zusätzliche Ablaufabschnitte (vgl. Abschnitt 5.2.7.10)

5.2.9.2 Berechnung der Zeiten

Wie erwähnt beschreibt REFA, dass zunächst die Ist-Einzelzeiten aus den Differenzen der aufeinander folgenden Fortschrittszeiten von Hand berechnet und anschließend in den Erfassbogen eingetragen werden. Auch die Ermittlung der Dauer der Zeitstudie wird hier erklärt. All diese Daten werden natürlich im Rahmen der EDV-gestützten Zeitstudie automatisch geliefert und können direkt am Bildschirm ausgegeben und ggf. korrigiert werden. Dies gilt natürlich auch für etwaige Ausreißer, also für Messwerte eines Ablaufabschnitts, die besonders stark von den übrigen Messwerten abweichen. Zur exakten Dokumentation ist es außerdem heutzutage üblich, alle durchgeführten Korrekturen an den Originaldaten in einem automatischen Änderungsprotokoll (siehe Bild) festzuhalten.

Änderungen an der Zeitstudie								
Nr.	Datum	Uhrzeit	Name	Ursprung	Beschreibung		vorher	nachher
1	02.07.2016	13:54	Fricke	MP (FZ=4)	Bezugsmenge		1,00	500,00
2	02.07.2016	13:54	Fricke	MP (FZ=12)	Kennung		nein	ja
3	02.07.2016	13:54	Fricke	MP (FZ=13)	Kennung		nein	ja
4	02.07.2016	13:54	Fricke	MP (FZ=17)	Ablaufabschnitt-Nr.		8.0	11.0
5	02.07.2016	13:56	Fricke	AA-Text (4)	Zeitart (Mensch)		thb	tnb

Bild 30: Beispiel eines Änderungsprotokolls

5.2.9.3 Statistische Auswertung

Wenn die Zeitstudie abgeschlossen ist, möchte man gerne Aussagen über die Qualität und Genauigkeit der Messdaten erhalten. Man hat z.B. für jeden Ablaufabschnitt mehrere Messwerte und auch die entsprechenden Zykluszeiten. Aus diesen Daten lassen sich die jeweiligen Mittelwerte berechnen. Als Beispiel betrachten wir die Messwerte und Zykluszeiten der folgenden hypothetischen Zeitstudie.

Ablaufabschnitt	1	2	3	4	5	6	7	8	9	10
Werkstück bereitlegen	14	17	15	16	14	13	15	16	15	14
Werkstück bearbeiten	25	23	24	27	28	27	26	25	25	24
Werkstück ablegen	8	9	7	11	10	9	8	8	9	7
Zykluszeiten	47	49	46	54	52	49	49	49	49	45

Bild 31: Beispielzeitstudie

Jetzt stellt sich die Frage: Wie gut stimmt der jeweilige Mittelwert mit der Realität überein? Der Statistiker sagt, dass sich der Mittelwert der Stichprobe dem Mittelwert der Grundgesamtheit (Realität) mit einer gewissen Genauigkeit annähert. Jeder weiß, dass es unmöglich ist, alle Messwerte einer bestimmten Art zu ermitteln. Deshalb muss man sich mit einer gewissen Untermenge aller Messwerte zufrieden geben und aus diesen Werten eine Aussage für alle Werte dieser Art gewinnen. Die Stichprobe steht also für die gemessenen Werte und die Grundgesamtheit für alle möglichen Werte. An dieser Stelle will ich nicht die zugrunde liegende Statistik vollständig erklären, sondern anhand des obigen Beispiels einen kleinen Einblick in die Zusammenhänge geben. Mehr über Statistik in der Arbeitsorganisation erfahren Sie in Kapitel 7 und in / 4 /.

Der Mittelwert für „Werkstück bereitlegen" beträgt 14,9 HM. Wir berechnen nun die Abweichungen der Werte von diesem Mittelwert mit: $\Delta_i = x_i - \overline{x}$

Abweichungen vom Mittelwert	-0,9	2,1	0,1	1,1	-0,9	-1,9	0,1	1,1	0,1	-0,9

Die Abweichungen vom Mittelwert nennt man auch Fehler. Sie haben je nach Lage positive
oder negative Vorzeichen. Interessant ist die Tatsache, dass die Summe aller Abweichungen vom Mittelwert exakt Null ergibt. Dies folgt allerdings aus der Definition des Mittelwertes / 4 /. Nun berechnen wir die Quadrate der Abweichungen vom Mittelwert und erhalten:

Quadratische Abweichungen	0,81	4,41	0,01	1,21	0,81	3,61	0,01	1,21	0,01	0,81

Die Summe dieser quadratischen Abweichungen nennt man auch die Summe der Fehlerquadrate. Sie beträgt in unserem Beispiel:

$$\sum \Delta_i^2 = \sum (x_i - \overline{x})^2 = 12{,}9$$

Wenn wir diese Summe durch die Anzahl der Messwerte dividieren, dann erhalten wir das
mittlere Fehlerquadrat:

$$s^2 = \frac{\sum \Delta_i^2}{n} = \frac{\sum (x_i - \overline{x})^2}{n} = \frac{12{,}9}{10} = 1{,}29$$

Diesen Wert (gesprochen s-quadrat) nennt man auch **Varianz**. Dies ist die mittlere quadratische Abweichung vom Mittelwert und damit ein sehr gutes Maß für die Streuung der Stichprobe. Leider ist es so, dass durch eine statistische Böswilligkeit, dem sog. Freiheitsgrad
(vgl. / 4 /), bei der Verwendung des Mittelwertes als Bezugslagemaß nicht durch n, sondern
durch (n – 1) dividiert wird. In diesem Fall wird also die Varianz wie folgt berechnet:

$$s^2 = \frac{\sum \Delta_i^2}{n-1} = \frac{\sum (x_i - \overline{x})^2}{n-1} = \frac{12{,}9}{9} = 1{,}4\overline{3}$$

Zieht man daraus die Wurzel, erhält man die Seitenlänge des mittleren Fehlerquadrates zu:

$$s = \sqrt{s^2} = \sqrt{1{,}4\overline{3}} = 1{,}1972$$

Diese **Standardabweichung s** ist ein Maß für den mittleren Fehler oder die mittlere Streuung. Wenn wir diesen Wert auf den Mittelwert beziehen, dann erhalten wir folgendes:

$$v = \frac{s}{\overline{x}} = \frac{1{,}1972}{14{,}9} = 0{,}0804 = 8{,}04\,\%$$

Die **Variationszahl v** (v, griechisch Ny) ist ein Maß für die relative mittlere Streuung bezogen auf den Mittelwert. Ist der Wert von Ny nun relativ klein, dann ist auch die Streuung entsprechend gering und es lässt sich mit relativ wenigen Messpunkten eine gute statistische
Genauigkeit erreichen.

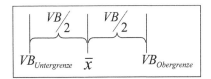

Bild 32: Lage des Vertrauensbereichs

Nun sind wir in der Lage, den sogenannten **Vertrauensbereich VB** zu berechnen. Da jedoch dieser einen Bereich darstellt, in dessen Mitte exakt der Mittelwert liegt (siehe Bild), berechnet man zweckmäßigerweise sofort den halben Vertrauensbereich nach folgender Formel:

Dabei bedeuten:

$$\frac{VB}{2} = t \cdot \frac{s}{\sqrt{n}}$$

t: zweiseitiger oberer Schwellenwert der t – Verteilung

s   Standardabweichung

n   Anzahl Messpunkte oder Größe der Stichprobe

Der Wert **t** hängt von der Anzahl der Messpunkte ab und kann aus folgender Tabelle abgelesen werden:

n-1	t-Wert	n-1	t-Wert	n-1	t-Wert	n-1	t-Wert
		11	2,201	21	2,080	40	2,021
		12	2,179	22	2,074	50	2,009
		13	2,160	23	2,069	60	2,000
		14	2,145	24	2,064	80	1,990
5	2,571	15	2,131	25	2,060	100	1,984
6	2,447	16	2,120	26	2,056	200	1,972
7	2,365	17	2,110	27	2,052	500	1,965
8	2,306	18	2,101	28	2,048	800	1,963
9	2,262	19	2,093	29	2,045	1000	1,962
10	2,228	20	2,086	30	2,042	unendlich	1,960

Bild 33: Tabelle für die Werte der T-Verteilung

Für n – 1 = 9 erhalten wir den Wert 2,262 und tragen diesen in die Formel ein:

Damit liegt der wahre Wert der Grundgesamtheit wahrscheinlich zwischen folgenden Grenzen:

$$\frac{VB}{2} = 2,262 \cdot \frac{1,1972}{\sqrt{10}} = 0,8564$$

$$\Rightarrow \quad \bar{x} \pm \frac{VB}{2} = 14,9 \pm 0,8564$$

$$\Rightarrow \quad VB_u = 14,9 + 0,8564 = 15,76 \quad \text{Obergrenze des Vertrauensbereichs}$$

$$\Rightarrow \quad VB_o = 14,9 - 0,8564 = 14,04 \quad \text{Untergrenze des Vertrauensbereichs}$$

Die Wahrscheinlichkeit, dass diese Aussage richtig ist beträgt 95%. Dies ist die sog. **Aussagewahrscheinlichkeit.**

Wollen wir diesen Zusammenhang prozentual ausdrücken, so bezieht man den halben Vertrauensbereich auf den Mittelwert und erhält folgendes:

$$\varepsilon = \frac{\frac{VB}{2}}{\bar{x}} = \frac{0,8564}{14,9} = 0,0575 = 5,75\%$$

Den Wert „**Epsilon ε**" nennt man auch den relativen Vertrauensbereich. Er wird häufig in Prozent angegeben. Man kann sagen, dass sich der wahre Wert der Grundgesamtheit mit einer Wahrscheinlichkeit von 95% im Bereich von ± ε um den Mittelwert herum befindet.

Wir wollen nun einmal die restlichen Epsilon-Werte des Beispiels berechnen:

AA1	Werkstück bereitlegen	$\varepsilon_1 = 0{,}0575 =$ 5,75 %
AA2	Werkstück bearbeiten	$\varepsilon_2 = 0{,}0445 =$ 4,45 %
AA3	Werkstück ablegen	$\varepsilon_3 = 0{,}0481 = 10{,}53$ %
Zyklus	Zykluszeiten	$\varepsilon_z = 0{,}0374 =$ 3,74 %

Je kleiner der Epsilon-Wert ist, desto besser bildet der Mittelwert der Stichprobe den Mittelwert der zugehörigen Grundgesamtheit ab.

An den obengenannten Werten fällt auf, dass die Zykluszeiten ein geringeres Epsilon aufweisen, als die Werte der Ablaufabschnitte. Dies kann man wie folgt erklären:
Die Abweichungen der drei Ablaufabschnitte heben sich bei der Summenbildung teilweise gegeneinander auf, so dass die Fehlerquadrate und damit Varianz und Standardabweichung in der Relation zum Mittelwert kleiner werden.

Dieser Effekt tritt in der Regel immer auf, so dass man folgendes sagen kann:
„Die Epsilon-Werte der Ablaufabschnitte (ε_a) sind in der Regel größer als das zyklische Epsilon (ε_z)".

In der betrieblichen Praxis wird in machen Fällen ein Sollwert für das zyklische Epsilon (ε_z) vorgegeben. Dieser wird mit Epsilon-Strich (ε') bezeichnet. Ist dieses geforderte Epsilon noch nicht erreicht, so kann man aus dem erreichten zyklischen Epsilon (ε_z) und der Anzahl der bisher durchlaufenen Zyklen, die benötigte Anzahl an Messpunktdaten ermitteln.

Beispiel: Wir haben eine Zeitstudie durchgeführt und folgende Werte erreicht:
Anzahl Zyklen: $n = 16$
Mittlere Zykluszeit: $\bar{x} = 186{,}2\,\text{HM}$
Standardabweichung $s = 28\,\text{HM}$
zyklisches Epsilon $\varepsilon_z = 8{,}015\,\%$

Dass geforderte Epsilon beträgt $\varepsilon' = 6{,}0$ %.
Wie viele Zyklen müssen insgesamt durchlaufen werden, um dieses Ziel zu erreichen?

Zunächst schreiben wird erneut die Formel für das Epsilon auf:

$$\varepsilon = \frac{t \cdot s}{\bar{x} \cdot \sqrt{n}}$$

VB/2 wurde durch die entsprechende Formel ersetzt. Nun benennen wir ε in ε' und n in n' um und stellen die Formel nach n' um. Hierzu dividieren wir beide Seiten der Gleichung durch ε' und multiplizieren mit $\sqrt{n'}$ und erhalten:

$$\sqrt{n'} = \frac{t \cdot s}{\overline{x} \cdot \varepsilon'}$$

Jetzt müssen wir nur noch auf beiden Seiten quadrieren und erhalten:

$$n' = \left(\frac{t \cdot s}{\overline{x} \cdot \varepsilon'} \right)^2$$

Für t setzen wir zunächst den Wert für n = 16 ein (aus der Tabelle oben), also t = 2,131 und berechnen n´ wie folgt:

$$n' = \left(\frac{2{,}131 \cdot 28\,\mathrm{HM}}{186{,}2\,\mathrm{HM} \cdot 0{,}06} \right)^2 = 5{,}34^2 \approx 29$$

Da für n = 29 der t-Wert t = 2,048 beträgt, müsste man die Rechnung mit diesem neuen t-Wert wiederholen. Da aber die Abweichung der t-Werte nur geringfügig ist, kann dieser Schätzwert auch so verwendet werden. Man kann also sagen. dass insgesamt ca. 30 Zyklen ausreichen, um das geforderte Epsilon-Strich (ε') zu erreichen. Man muss also noch 14 Zyklen zusätzlich messen.

Kritische Interpretation des Epsilon-Wertes

Wie wir gesehen haben, wird durch die Hinzunahme von Messpunkten mit gleicher Streuung der Epsilonwert verkleinert. Durch die Vervierfachung der Messpunktzahl wird der Epsilonwert in etwa halbiert. Haben wir z.B. n=100 Messwerte und ein Epsilon von 24 %, so würden wir bei n=400 Messwerten ein Epsilon von 12 % und bei n=1600 Messwerten ein Epsilon von 6 % erreichen. Die Streuung (Standardabweichung s), die relative Streuung und der Mittelwert bleiben dabei in derselben Größenordnung, sind also im wesentlichen unverändert. Man kann nun fragen: „Kann man einen Mittelwert für die Vorgabezeit verwenden, wenn die Messwerte so stark streuen, dass zum Erreichen eines Epsilon von 6% derartig viele Messpunkte erforderlich sind?   Die Antwort lautet NEIN.

Wie kann man nun eine Messstichprobe richtig beurteilen?
Eine Messreihe ist dann in Ordnung, wenn folgende Kriterien erfüllt sind:
- Ausreichend kleine relative Streuung (Variationszahl v)
- Ausreichend kleines Epsilon bei relativ kleiner Messpunktzahl

5.2.9.4 Berechnung der Vorgabezeit

Wir wollen die Auswertung einer Zeitstudie anhand des einfachen Beispiels von Abschnitt 5.2.9.3 einmal demonstrieren. Hierzu müssen wir jedoch zunächst die im Rahmen der Zeitstudie erfassten Leistungsgrade ergänzen:

Ablaufabschnitt	Zyklus	1	2	3	4	5	6	7	8	9	10	Mittelwerte
Werkstück bereitlegen	LG			110				115			110	
	ti	14	17	15	16	14	13	15	16	15	14	14,90
Werkstück bearbeiten	LG			115				105			110	
	ti	25	23	24	27	28	27	26	25	25	24	25,40
Werkstück ablegen	LG			115				100			115	
	ti	8	9	7	11	10	9	8	8	9	7	8,60
Zykluszeiten			47	49	46	54	52	49	49	49	49	45	48,90

Bild 34: Beispielzeitstudie mit vergebenen Leistungsgraden

Wie wir sehen, hat der Zeitstudienmitarbeiter jeweils beim 3. , 7. und 10. Zyklus einen Leistungsgrad vergeben. Da vereinbart ist. die Leistungsgrade rückwirkend im Ablaufabschnitt aufzufüllen, tragen wir also die entsprechenden Werte ein:

Ablaufabschnitt	Zyklus	1	2	3	4	5	6	7	8	9	10	Mittelwerte
Werkstück bereitlegen	LG	110	110	110	115	115	115	115	110	110	110	
	ti	14	17	15	16	14	13	15	16	15	14	14,90
Werkstück bearbeiten	LG	115	115	115	105	105	105	105	110	110	110	
	ti	25	23	24	27	28	27	26	25	25	24	25,40
Werkstück ablegen	LG	115	115	115	100	100	100	100	115	115	115	
	ti	8	9	7	11	10	9	8	8	9	7	8,60
Zykluszeiten			47	49	46	54	52	49	49	49	49	45	48,90

Bild 35: Beispielzeitstudie mit aufgefüllten Leistungsgraden

Auswertung der Zeiten je Ablaufabschnitt nach der REFA-Methodenlehre / 2 /

Zur Ermittlung der Zeiten je Ablaufabschnitt ist bei REFA folgende Vorgehensweise beschrieben:

- Berechne den Mittelwert der Einzelzeiten
- Berechne den Mittelwert der Leistungsgrade
- Multipliziere den Mittelwert der Einzelzeiten mit dem Mittelwert der Leistungsgrade

Schauen wir uns dies einmal anhand des o.g. Beispiels an:

Mittlerer LG für AA1: $\overline{LG_1} = \dfrac{\sum LG_1}{n} = \dfrac{110\% \cdot 6 + 115\% \cdot 4}{10} = 112{,}0\%$

Mittlerer LG für AA2: $\overline{LG_2} = \dfrac{\sum LG_2}{n} = \dfrac{115\% \cdot 3 + 105\% \cdot 4 + 110\% \cdot 3}{10} = 109{,}5\%$

Mittlerer LG für AA3: $\overline{LG_3} = \dfrac{\sum LG_3}{n} = \dfrac{115\% \cdot 6 + 10\% \cdot 4}{10} = 109{,}0\%$

Jetzt können wir die mittleren Soll-Zeiten je Ablaufabschnitt berechnen:

$$\overline{t_{s1}} = \overline{LG_1} \cdot \overline{t_1} = 112{,}0\% \cdot 14{,}9\,HM = 1{,}120 \cdot 14{,}9\,HM = 16{,}688\,HM$$

$$\overline{t_{s2}} = \overline{LG_2} \cdot \overline{t_2} = 109{,}5\% \cdot 25{,}4\,HM = 1{,}095 \cdot 25{,}4\,HM = 27{,}813\,HM$$

$$\overline{t_{s3}} = \overline{LG_3} \cdot \overline{t_3} = 109{,}0\% \cdot 8{,}6\,HM = 1{,}090 \cdot 8{,}6\,HM = 9{,}374\,HM$$

Da diese Vorgehensweise nicht richtig ist, möchte ich im Folgenden die korrekte Berechnung und eine entsprechende Begründung beschreiben.

Korrekte Auswertung der Zeiten je Ablaufabschnitt

Da nach der Definition des Leistungsgrades ein hoher Leistungsgrad mit einer niedrigen und ein niedriger Leistungsgrad mit einer hohen Zeit korreliert ist, müssen die gemessenen Zeiten mit den zugehörigen Leistungsgraden gewichtet werden. Angenommen wir hätten folgende Messpunkte und Leistungsgrade:

Zyklus	1	2	3
LG	100	140	70
ti	100	71	143

Rechnen wir nun nach REFA, dann erhalten wir:

$$\overline{LG} = \frac{\sum LG}{n} = \frac{110\% + 140\% + 70\%}{10} = 103{,}\overline{3}\%$$

$$\overline{t_i} = \frac{\sum t_i}{n} = \frac{100 + 171 + 143}{3}\,HM = 104{,}\overline{6}\,HM$$

$$\overline{t_s} = \overline{LG} \cdot \overline{t_i} = 103{,}\overline{3}\% \cdot 104{,}\overline{6}\,HM = 108{,}1\overline{5}\,HM$$

Hätte der Mitarbeiter komplett mit LG = 100% gearbeitet, dann hätte er eine Zeit von 300 HM und eine mittlere Zeit von 100 HM benötigt. Nach REFA haben wir hier den kuriosen Effekt, dass mit einem Leistungsgrad > 100% eine längere Zeit benötigt wird als mit exakt 100%. Dies kann natürlich nach der Definition des Leistungsgrads nicht stimmen. Korrekt ist es, zunächst die Soll-Einzelzeiten zu berechnen und danach den Mittelwert dieser Werte zu berechnen. Dadurch wird jede Zeit mit ihrem Leistungsgrad gewichtet.

Zyklus	1	2	3
LG	100	140	70
ti	100	71	143
ti * LG	100	99,4	100,1

Nun können wir die Sollzeit und den zugehörigen Leistungsgrad wie folgt berechnen:

$$\overline{t_s} = \frac{\sum t_i \cdot LG_i}{n} = \frac{100 + 99,4 + 100,1}{3} \, HM \ = 99,8\overline{3} \, HM$$

$$\overline{LG} = \frac{\sum t_i \cdot LG_i}{\sum t_i} = \frac{100 + 99,4 + 100,1}{100 + 71 + 143} = 0,9538 = 95,38\%$$

Bezogen auf den korrekten Wert, wird in diesem Fall folgender relativer Fehler gemacht:

$$Fehler = \frac{\overline{LG}_{falsch} - \overline{LG}_{korrekt}}{\overline{LG}_{korrekt}} = \frac{103,3\% - 95,38\%}{95,38\%} = 0,083 = 8,3\%$$

Kommen wir nun auf unser ursprüngliches Beispiel zurück und berechnen dort die Sollzeiten je Ablaufabschnitt, natürlich mit der richtigen Methode.

Ablaufabschnitt	Zyklus	1	2	3	4	5	6	7	8	9	10	Mittelwerte
Werkstück bereitlegen	LG	110	110	110	115	115	115	115	110	110	110	111,95%
	ti	14	17	15	16	14	13	15	16	15	14	14,90
	ti * LG	15,4	18,7	16,5	18,4	16,1	14,95	17,25	17,6	16,5	15,4	16,68
Werkstück bearbeiten	LG	115	115	115	105	105	105	105	110	110	110	109,29%
	ti	25	23	24	27	28	27	26	25	25	24	25,40
	ti * LG	28,75	26,45	27,6	28,35	29,4	28,35	27,3	27,5	27,5	26,4	27,76
Werkstück ablegen	LG	115	115	115	100	100	100	100	115	115	115	108,37%
	ti	8	9	7	11	10	9	8	8	9	7	8,60
	ti * LG	9,2	10,35	8,05	11	10	9	8	9,2	10,35	8,05	9,32
Zykluszeiten		47	49	46	54	52	49	49	49	49	45	48,90

Bild 36: Berechnung der Sollzeiten je Ablaufabschnitt

Um die mittleren Leistungsgrade zu berechnen, muss man nun die mittlere Soll-Einzelzeit der Ablaufabschnitte durch die mittlere Einzelzeit dividieren:

$$\overline{LG}_1 = \frac{16,68}{14,90} = 1,1195 = 111,95\%$$

$$\overline{LG}_2 = \frac{27,76}{25,40} = 1,0929 = 109,29\%$$

$$\overline{LG}_3 = \frac{9,32}{8,60} = 1,0837 = 108,37\%$$

Wir erhalten also ausnahmslos geringere Leistungsgrade und geringere Zeiten, als bei der REFA Berechnung. Diese Diskrepanz wird um so größer, je größer die Unterschiede in den Zeiten und Leistungsgraden sind.

Begründung für die abweichende Berechnungsweise nach REFA

Hierüber kann man nur spekulieren. Da bei REFA keine EDV-gestützte Auswertung zugrunde lag vermute ich, dass der erhöhte Rechenaufwand für die korrekte Methode eine Rolle gespielt hat. Tatsächlich wird in älteren REFA-Büchern / 2 / auf diese Tatsache hingewiesen, allerdings an anderer Stelle. Dort steht unter „Leistungsgrad / Häufigkeit der Beurteilung" (Seite 147):

Die Auswertung von L und ti ergibt:

Fall a: Leistungsgrade und Einzelzeiten haben keine übermäßige Streuung

Es folgt die falsche Rechenvorschrift nach REFA.

Fall b: Leistungsgrade und Einzelzeiten streuen stark

… ist für jeden Zyklus die Soll-Einzelzeit zu berechnen: $Soll - Einzelzeit = L \cdot t_i$

……. Daraus wird dann die durchschnittliche Sollzeit t je Ablaufabschnitt ermittelt.

$$t = \frac{\sum Soll - Einzelzeiten}{n}$$

Es war also schon lange bekannt, dass die vorgeschlagene Berechnungsmethode zu Fehlern führt. Die Fehler sind allerdings bei geringen Schwankungen relativ klein. Seltsamerweise ist in der neuesten REFA-Unterlage / 5 / der Fall b gar nicht mehr vorhanden.

Fazit: In der heutigen Zeit sollte unter Einsatz von Tabellenkalkulation und standardisierter Auswertesoftware immer die korrekte Berechnungsmethode verwendet werden.

Nachdem wir die korrekte Methode zur Berechnung der Leistungsgrade und Soll-Zeiten kennen, wollen wir die Berechnung der Grundzeit und der Zeit je Einheit erläutern:

Berechnung der Grundzeit

Um die Grundzeit zu erhalten, werden sämtliche mittleren Sollzeiten addiert. Auch die Zeiten für gelegentlich auftretende Abläufe müssen unter Berücksichtigung der Bezugsmengen zur Grundzeit hinzuaddiert werden. In unserem Beispiel wurde alle 100 Werkstücke die Palette gewechselt, so dass folgende Zeiten zur Grundzeit aufaddiert werden müssen:

Ablaufabschnitt	Sollzeit [HM]	Bezugsmenge	Sollzeit/Bezugsmenge [HM]
Werkstück bereitlegen	16,68	1	16,68
Werkstück bearbeiten	27,76	1	27,76
Werkstück ablegen	9,32	1	9,32
Palette wechseln	300	100	3

tg = Summe Sollzeiten/Bezugsmenge = 56,76 HM

Gegebenenfalls sind hier noch zusätzliche Zeiten zu berücksichtigen.

Berechnung der Zeit je Einheit

Um die Zeit je Einheit zu erhalten werden zur Grundzeit die vereinbarten Zuschläge addiert. In der Betriebsvereinbarung wurden z.B. folgende Zuschläge für den gegebenen Arbeitsplatz vereinbart:

$Z_{vp} = 5\,\%$ und $Z_{vs} = 5\,\%$

Die Zeit je Einheit wird dann wie folgt berechnet:

$$t_e = t_g + Z_{vp} \cdot t_g + Z_{vs} \cdot t_g$$

$$t_e = t_g + 0,05 \cdot t_g + 0,05 \cdot t_g = 1,1 \cdot t_g = 62,436 \text{ HM}$$

5.2.9.5 Auswertung nichtzyklischer Zeitstudien (Ablaufstudien)

In Ablaufstudien gibt es keine zyklischen Wiederholungen. Im Gegensatz zur zyklischen Zeitstudie, bei der je Zyklus ein oder mehrere Teile fertig werden, wird bei einer Ablaufstudie insgesamt nur eine Einheit fertig, wobei der Ablauf eine längere Zeit in Anspruch nimmt. Wenn wir die Studie von Hand durchführen, dann verwenden wir den Z1-Bogen (vgl. Abschnitt 5.2.6). Ein ausgefüllter Bogen kann z.B. wie nebenstehend aussehen:

Nr	Ablaufabschnitt und Messpunkt		1	2	3	Sollzeit
1	Teil mit Wagen holen	L	115			115,00
		ti	324			372,60
		F	324			
2	Teil mit Kran vom Wagen auf Arbeitsvorrichtung heben	L	120			120,00
		ti	123			147,60
		F	447			
3	Teil Messen und Messergebnis in das Protokoll eintragen	L	110			110,00
		ti	174			191,40
		F	621			
4	Teil 1. Seite montieren	L	115	105		113,09
		ti	428	101		598,25
		F	1049	1673		
5	Teil 2. Seite montieren	L	115	110		113,36
		ti	523	256		883,05
		F	1572	1929		
	Summe					2192,9

Bild 37: Beispiel für einen ausgefüllten Z1-Bogen Rückseite

Wie man sieht, können auch hier mehrere Einträge pro Ablaufabschnitt auftreten. Da diese sich aber nur auf ein Teil beziehen, wird hier nicht der Mittelwert, sondern die Summe der Zeiten berechnet. Die Berechnung der mittleren Leistungsgrade erfolgt natürlich auch hier mit dem gewichteten Mittel. So berechnet sich der mittlere Leistungsgrad für Ablaufabschnitt 4 wie folgt:

$$L = \frac{1,15 \cdot 428 + 1,05 \cdot 101}{428 + 101} = \frac{598,25}{529} = 1,13095 \approx 113,09\%$$

Da in diesem Fall die Zeitanteile nicht ähnlich groß sein müssen, weil der zweite Eintrag (101 HM) lediglich die Fortsetzung der begonnenen Arbeiten an der ersten Seite darstellt, wäre eine ungewichtete Berechnung des mittleren Leistungsgrades mit einem erheblichen Fehler verbunden.

Für die Gesamtauswertung sind nun alle Zeiten zu addieren. Natürlich dürfen Verteilzeiten, N-Zeiten, F-Zeiten usw. nicht mit addiert werden. Die nachfolgende Berechnung der Zeit je Einheit (te) erfolgt genauso wie bei einer zyklischen Zeitstudie.

Mit $Z_{vp} = 5\,\%$ und $Z_{vs} = 5\,\%$ ergibt sich die Zeit je Einheit wie folgt:

$$t_e = t_g + Z_{vp} \cdot t_g + Z_{vs} \cdot t_g$$

$$t_e = t_g + 0{,}05 \cdot t_g + 0{,}05 \cdot t_g = 1{,}1 \cdot t_g = 2412\ HM = 24{,}12\ min$$

5.2.10 Ergebnisse präsentieren und anwenden

Damit sind nach REFA / 5 / folgende Punkte gemeint:

- Ergebnisse in das betriebliche EDV-System einpflegen
- Daten für Kennzahlen verwenden
- Daten für Entgeltvereinbarungen verwenden
- Daten für Gestaltungsmaßnahmen verwenden
- Daten für Planzeitbausteine verwenden
- Übertragbarkeit der Ergebnisse auf andere Arbeitssysteme prüfen
- Weitere Vorgehensweise festlegen

5.3 Mehrplatzstudien

Bisher sind wir davon ausgegangen, lediglich ein Objekt (Mensch oder Maschine) während einer Zeitstudie zu beobachten und die angefallenen Zeiten dabei zu erfassen. Es gibt jedoch Fälle, in denen es notwendig ist, mehrere Objekte gleichzeitig aufzunehmen. Dabei können mehrere Fälle unterschieden werden:

- Zwei oder mehr Menschen arbeiten an einem Auftrag
- Zwei oder mehr Maschinen arbeiten an einem Auftrag
- Ein Mensch bedient eine Maschine
- Ein Mensch bedient zwei oder mehr Maschinen
- Zwei oder mehr Menschen bedienen eine Maschine
- Zwei oder mehr Menschen bedienen zwei oder mehr Maschinen

Im Folgenden wollen wir die Zusammenarbeit von Mensch und Maschine näher untersuchen. Insbesondere wenn mehr als eine Maschine an dem Prozess beteiligt ist, spricht man auch von einer Mehrmaschinenbedienung.

5.3.1 Ein Mensch bedient eine Maschine

In vielen Fällen, wenn Mensch und Maschine zusammen arbeiten, kann auf die Beobachtung beider Objekte verzichtet werden. Es reicht dabei aus, entweder den Menschen oder die Maschine zu beobachten. Hierzu ein Beispiel:

Ein Mitarbeiter bedient eine Drehmaschine und folgende Ablaufabschnitte treten auf:

Zeitart	Bezeichung Ablaufabschnitt
tnb	Werkstück aufnehmen und in Futter einspannen
tnb	Drehmeißel anfahren, Span abnehmen und Drehmeißel zurückfahren
tnb	Messen Durchmesser mit Messschraube
tnb	zustellen Drehmeißel auf Maß
thu	Drehen auf Maß (Kontrolle Ablauf und rechtzeitiges Ausschalten des Vorschubs)
tnb	Messen Drehlänge
thb	Zustellen auf Endmaß von Hand
thu	Drehmeißel herausfahren und im Eilgang zurückfahren
tnb	Werkstück aus Futter ausspannen und ablegen

Das Drehen auf Maß ist zwar ein Ablaufabschnitt, der von der Maschine autonom ausgeführt wird, aber der Mitarbeiter muss dies überwachen und den Vorschub rechtzeitig abschalten. In diesen und ähnlichen Fällen wird man lediglich den Mitarbeiter beobachten.

Anders gelagert ist z.B. folgender Fall:

Eine Bearbeitungszentrum ist mit einem Wechseltisch ausgerüstet. Während die Maschine das Werkstück bearbeitet, kann der Mitarbeiter das vorherige Werkstück ausspannen und das nächste einspannen. Hier können drei Fälle unterschieden werden:

Fall 1: Der Mitarbeiter braucht für das Aus- und Einspannen immer eine längere Zeit, als die Maschine zur Bearbeitung. Hier reicht es aus, lediglich den Mitarbeiter zu beobachten. Der Vollständigkeit halber kann im Nachgang zur Zeitstudie die unbeeinflussbare Maschinenzeit gemessen und dokumentiert werden.

Fall 2: Der Mitarbeiter braucht für das Aus- und Einspannen immer eine kürzere Zeit, als die Maschine zur Bearbeitung. Hier reicht es aus, lediglich die Maschine zu beobachten. Der Vollständigkeit halber kann im Nachgang zur Zeitstudie die beeinflussbare Mitarbeiterzeit gemessen und dokumentiert werden.

Fall 3: Der Mitarbeiter braucht für das Aus- und Einspannen eine ähnlich lange Zeit, wie die Maschine zur Bearbeitung. Hier kann es passieren, dass der Mitarbeiter auf die Maschine und umgekehrt die Maschine auf den Mitarbeiter warten muss. In diesem Fall muss eine Zweiplatzstudie gemacht werden, in der für den Mitarbeiter und für die Maschine jeweils eine eigene Zeitmessung (2 Uhren) durchgeführt wird.

5.3.2 Ein Mensch bedient zwei Maschinen

Bei automatisch arbeitenden Maschinen wird das Werkstück nach Start des Programms vollständig ohne Zutun durch die Bedienperson fertig gestellt. Der Mitarbeiter hat also Zeit, um andere Tätigkeiten auszuführen. Dauert nun die automatische Bearbeitung relativ lange, so kann man diese Zeit auch nutzen, um eine zweite Maschine zu beschicken. Im folgenden hierzu ein Beispiel:

Zwei Bearbeitungszentren ohne Wechseltisch sollen von einem Mitarbeiter bedient werden. Während die erste Maschine das Werkstück bearbeitet, kann der Mitarbeiter die andere Maschine beschi-

	Mensch			Maschine 1 (M1)			Maschine 2 (M2)		
FZ	EZ	AA	Bezeichnung	EZ	AA	Bezeichnung	EZ	AA	Bezeichnung
300	300	11	Beschicken M1	300	11	Beschicken	300	22	Brachzeit
700	400	12	Beschicken M2				400	12	Beschicken
1300	600	31	Warten auf Ma	1000	1	Hauptzeit			
1620	320	11	Beschicken M1	320	11	Beschicken			
2000	380	31	Warten auf Ma				1300	2	Hauptzeit
2430	430	12	Beschicken M2				430	12	Beschicken
2620	190	31	Warten auf Ma	1000	1	Hauptzeit			
2930	310	11	Beschicken M1	310	11	Beschicken			
3730	800	31	Warten auf Ma				1300	2	Hauptzeit
3930				1000	1	Hauptzeit			
4180	450	12	Beschicken M2	250	21	Brachzeit	450	12	Beschicken
4490	310	11	Beschicken M1	310	11	Beschicken			
5480	990	31	Warten auf Ma				1300	2	Hauptzeit
5490				1000	1	Hauptzeit			
5900	420	12	Beschicken M2	410	21	Brachzeit	420	12	Beschicken
6180	280	11	Beschicken M1	280	11	Beschicken			
7180	1000	31	Warten auf Ma	1000	1	Hauptzeit			
7200							1300	2	Hauptzeit
7480	300	11	Beschicken M1	300	11	Beschicken	280	22	Brachzeit

Bild 38: Zweimaschienebedienung

cken (aus- und einspannen). In diesem Fall ist eine Dreiplatzstudie durchzuführen; es sind also drei Uhren gleichzeitig zu bedienen. Die Messpunkte und Ablaufabschnitte einer derartigen Studie können z.B. wie oben aussehen:

Die zugehörige Zeitbanddarstellung zeigt das folgende Bild:

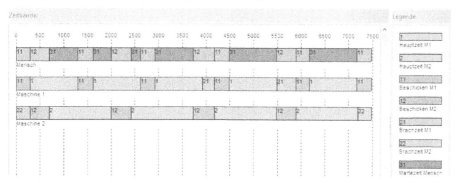

Bild 39: Zeitbanddarstellung einer 2 Maschinenbedienung mit Brachzeiten

Man erkennt deutlich, dass ab ca. 4000 HM nach jeder Bearbeitung, entweder an Maschine 1 oder an Maschine 2, eine Brachzeit auftritt. Dieser Effekt tritt auf, weil die Beschickungs- und Hauptzeit von Maschine 1 (ca. 1300 HM) nahezu identisch ist mit der Hauptzeit von Maschine 2 (1300 HM). Während Maschine 1 zunächst beschickt wird und dann ein Werkstück fertigt, wird auf Maschine 2 genau ein Werkstück fertig. Am Ende eines jeden Werkstücks bleiben also beide Maschinen etwa gleichzeitig stehen. Die Maschine, die zuerst stehenbleibt, wird dann erneut beschickt, während die andere eine Brachzeit bekommt. Eine derartige Konstellation ist im Bezug auf unerwünschte Brachzeiten unbedingt zu vermeiden. Besser wäre es, wenn beide Maschinen nahezu die gleichen Beschickungs- und Bearbeitungszeiten aufweisen, denn dann treten kaum Brachzeiten auf (vgl. Bild).

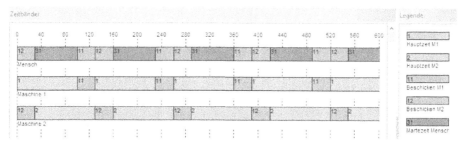

Bild 40: Zeitbanddarstellung einer 2 Maschinenbedienung ohne Brachzeiten

5.3.3 Ein Mensch bedient mehr als zwei Maschinen

Wenn die Hauptzeiten der beteiligten Maschinen verhältnismäßig groß und die Beschickungszeiten klein sind, dann kann ein Mitarbeiter mehr als zwei Maschinen bedienen. Man sollte jedoch bedenken, dass bei immer weiterer Erhöhung der Maschinenzahl mit einer Zunahme der Brachzeiten und damit der Maschinenkosten zu rechnen ist. Im Zweifel kann man die verschiedenen Kombinationen mit Hilfe einer Simulationsrechnung durchspielen und das Ergebnis mit den geringsten Stückkosten auswählen. Im folgenden wollen wir einige Simulationen mit folgenden Randbedingungen zeigen:

Kostensatz der Maschinen: 100 €/h   Bearbeitungszeit: 70 HM

Lohnkostensatz: 50 €/h   Beschickungszeit: 30 HM

Anzahl Maschinen	Anteil tb/Stk [%]	Masch. Kost./Stk [€]	Anteil tw/Stk [%]	Mensch Kost./Stk [€]	Ges. Kost./Stk [€]
1	0	1,67	69,13	0,83	2,49
2	0	1,67	9,9	0,42	2,08
3	0,29	1,67	1,11	0,28	1,95
4	16,97	2,01	0	0,25	2,26
5	33,63	6,94	0	0,25	7,19

Bild 41: Ergebnis der Simulation von Mehrmaschinenbedienung

Wie wir sehen, ist eine 3-Maschinenbedienung bei diesen Randbedingungen optimal bezüglich der Gesamtkosten pro Stück. Mit steigender Maschinenanzahl nimmt der Anteil an Brachzeit zu, während die Wartezeit auf Null absinkt. Bei 5 Maschinen steht eine Maschine ständig still. Den optimalen Fall der 3-Maschinenbedienung zeigt das folgende Bild:

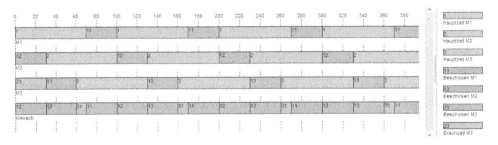

Bild 42: Optimale 3-Maschinenbedienung

Wie man sieht, sind nach Ende der Anlaufzeit alle drei Maschinen voll ausgelastet und der Mensch hat einen geringen Wartezeitanteil. Wenn wir die Entwicklung der Kosten in einem Diagramm über der Anzahl der Maschinen auftragen dann erhalten wir folgendes Bild:

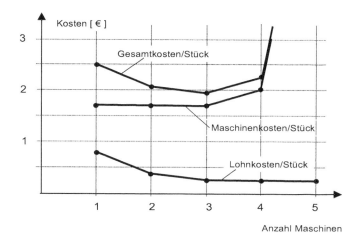

Bild 43: Kostenverlauf bei Mehrmaschinenbedienung

Man sieht, dass in unserem Beispiel die Maschinenkosten bei bis zu drei Maschinen konstant bleiben, während die Lohnkosten abnehmen. Durch diese Effekte erhalten wir sinkende Gesamtkosten pro Stück. Ab 4 Maschinen kann der Mitarbeiter Maschinenstillstände (Brachzeiten) nicht mehr vermeiden. Deshalb steigen die Maschinenkosten an, wohingegen die Lohnkosten konstant bleiben. Somit steigen auch die Gesamtstückkosten wieder. Bei 5 Maschinen steht eine der Maschinen ständig still, so dass die Gesamtstückkosten sich mehr als verdreifachen.

5.3.4 Mehrere Menschen bedienen mehrere Maschinen

Für diese Konstellation sind beliebige Kombinationen von mehreren Menschen und Maschinen denkbar, wobei sinnvollerweise die Anzahl der Menschen immer kleiner gewählt wird, als die Anzahl der Maschinen. Bei der Vielzahl an Möglichkeiten ist es ohne Simulation nicht vorhersehbar, ob eine bestimmte Kombination von Maschinen und Personen kostengünstig ist oder nicht. Also wird man im Rahmen einer Simulation jede Kombination einmal durchrechnen und anhand der Stückkosten oder der Brachzeiten bewerten. Im folgenden Beispiel sollen uns 4 Maschinen zur Verfügung stehen, so dass folgende Kombinationen denkbar sind: $1-4$, $2-4$, $3-4$

Folgende Randbedingungen liegen der Simulation zugrunde:

			M1	M2	M3	M4
Kostensatz der Maschinen:	100 €/h	Bearbeitungszeit [HM]:	50	60	80	100
Lohnkostensatz:	50 €/h	Beschickungszeit [HM]:	30	40	50	40

Die folgende Tabelle zeigt das Ergebnis der Simulationsrechnung:

Fall	Anteil tb/Stk [%]	Masch. Kost./Stk [€]	Anteil tw/Stk [%]	Mensch Kost./Stk [€]	Ges. Kost./Stk [€]
1 – 4	34	2,61	0	0,94	3,55
2 – 4	6	1,84	30	1,07	2,91
3 – 4	0	1,74	51	1,27	3,01

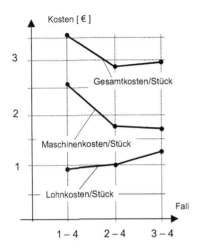

Bild 44: Kostenverlauf

Im nebenstehenden Bild wird der Kostenverlauf für die angesprochenen Fälle aufgezeigt. Man sieht, dass die Lohnstückkosten mit zunehmendem Personaleinsatz ansteigen. Dies liegt natürlich an dem zunehmenden Anteil der Wartezeiten.

Im Gegensatz dazu nehmen die Maschinenkosten pro Stück bei steigendem Personaleinsatz ab. Dies liegt wiederum an den sinkenden Brachzeitanteilen

Man sieht, dass die Kombination 2 – 4 die geringsten mittleren Kosten pro Stück verursacht und somit für diesen Fall optimal wäre.

Da die Ergebnisse sehr stark von der Auftragskonstellation abhängen, ist eine derartige Simulation im Vorfeld der Maschinenbelegung immer sinnvoll.

Die optimale Kombination der 2 – 4 Belegung zeigt das folgende Bild:

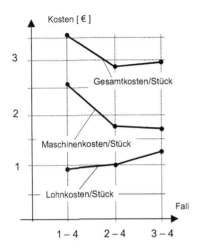

Bild 45: Optimale Belegung mit 2 – 4 Bedienung

5.3.5 Auftragsvorrat und Mehrmaschinenbedienung

Aus den bisher geschilderten Beispielen wird deutlich, dass es Aufträge, bzw. Auftragskombinationen gibt, die bei einer Mehrmaschinenbedienung besonders gut zusammenpassen und andere Kombinationen, die zu erhöten Kosten führen, weil die Brachzeiten zu groß werden. Nehmen wir als Beispiel einmal eine 1 – 3 Bedienung. Wenn für diesen Fall z.B. 9 Aufträge zur Verfügung stehen, die auf allen Maschinen in gleicher Weise gefertigt werden können, dann ergibt sich die Anzahl der Kombinationen wie folgt:

$$\binom{9}{3} = \frac{9 \cdot 8 \cdot 7}{1 \cdot 2 \cdot 3} = \frac{504}{6} = 84$$

Man kann nun mit Hilfe der Simulationsrechnung alle 84 Kombinationen durchrechnen und anhand der Brach- und Wartezeitanteile bewerten. Das Ergebnis ist eine Rangfolge mit der optimalen Reihenfolge für alle Aufträge:

Rang	Reihenfolge
1	2 – 5 – 7
2	3 – 8 – 9
3	1 – 4 – 6

Wie man sieht, ist die Simulation der Mehrmaschinenbedienung ein wirkungsvolles Hilfsmittel, um die Fertigungskosten zu senken.

5.3.6 Zeitstudientechnik bei Mehrmaschinenbedienung

Was ist nun bei der Durchführung einer Mehrplatzstudie zu beachten? Ziehen wir als Beispiel für diese Problematik eine einfache Zweimaschinenbedienung heran. Das zugehörige Zeitband könnte wie folgt aussehen:

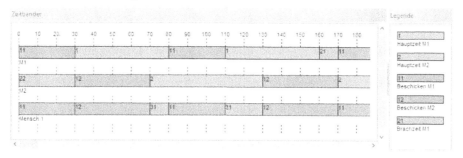

Bild 46: Zeitbänder einer Zweimaschinenbedienung

Wie man sieht, können für das Setzen von Messpunkten folgende Fälle auftreten:
- Einzelmesspunkt: eine der Maschinen wird fertig (FZ=160) und der Mitarbeiter ist mit dem Beschicken der anderen Maschine beschäftigt
- Zwei Messpunkte gleichzeitig: der Mitarbeiter ist mit dem Beschicken einer Maschine fertig (FZ=70 u. 130) und die zweite Maschine ist in Hauptzeit.
- Drei Messpunkte gleichzeitig: der Mitarbeiter ist mit dem Beschicken einer Maschine fertig (FZ=30 u. 170) und die zweite Maschine ist in Brachzeit.

Für die Durchführung einer derartigen Zeitstudie muss ein entsprechend   ausgerüstetes

Zeitstudiengerät zum Einsatz kommen, das über entsprechende Funktionalitäten (z.B. programmierbare Makrotasten) verfügt. Am Beispiel des MULTIDATA der Firma DRIGUS wollen wir die Lösung dieser Probleme mit Hilfe von Makrotasten zeigen.

Einsatz von Makros zu Ausführung mehrerer Aktionen mit einem Tastendruck:

Jede Taste des Schreibfeldes kann mit einem Makro belegt werden. Somit kann man die Tasten auch mit folgenden Befehlen belegen:

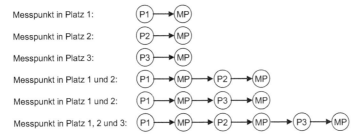

Bild 47: Makrobelegung für eine 3-Platzstudie

Die Makros werden so schnell abgearbeitet, dass nahezu kein Zeitverzug auftritt.

U	MP1	Meßpunkt in P1
V	MP2	Meßpunkt in P2
W	MP3	Meßpunkt in P3
X	MP12	Meßpunkt in P1 und P2

Bild 48: Beschriftung Makrotasten

Damit die Funktion der Tasten deutlich erkennbar ist, werden sie beim Ausdruck des Erfassungsbogens entsprechend beschriftet.

Gemeinsame Messpunkttaste

Auch die Problematik des gemeinsamen Stoppens mehrerer Plätze (Uhren) sollte durch ein modernes Zeitstudiengerät flexibel gelöst werden. Mit Betätigung einer GMP-(gemeinsamer Messpunkt)-Taste wird die Zeit im Hintergrund gestoppt. Anschließend erscheint ein Dialog zur Auswahl der Kombination der vorhandenen Arbeitsplätze:

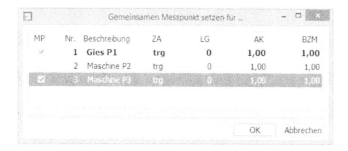

Im nebenstehenden Bild ist die Kombination P1 und P3 aktiviert und kann mit OK bestätigt werden. Soll überhaupt kein Messpunkt gesetzt werden dann verlässt man den Dialog mit „Abbrechen".

Bild 49: Dialog zur Auswahl der Platzkombination

Zyklusdefinitionen

Auch die im Zeitstudiengerät hinterlegten Zyklusdefinitionen können die Durchführung einer Mehrplatzstudie erheblich vereinfachen. Wie wir in der Zeitbanddarstellung sehen, durchlaufen beide Maschinen den Zyklus „Beschicken" und „Prozesszeit". Wird ein entsprechender Zyklus angelegt, dann werden bei Durchführung der Zeitstudie diese beiden Ablaufabschnitte abwechselnd angeboten. Wenn nun am Ende einer „Prozesszeit" eine „Brachzeit" auftritt, wird der Zeitstudienmitarbeiter diese von Hand anwählen. Wird nach Beendigung der Brachzeit für diesen Platz ein Messpunkt gesetzt, dann springt das System automatisch in den richtigen Ablaufabschnitt, nämlich „Beschicken", zurück. Ähnlich verhält es sich mit der Arbeitsperson. Sie wird in der Regel den Ablaufabschnitt „Beschicken" ständig wiederholen. Bei Vorhandensein einer entsprechenden Zyklusdefinition wird das System nach Auftreten einer Wartezeit automatisch in den Ablaufabschnitt „Beschicken" zurückspringen.

Grenzen der Zeitstudientechnik bei Mehrmaschinenbedienung

Bei einer Zweimaschinenbedienung ist die direkte Durchführung von Zeitstudien noch problemlos möglich. Wenn jedoch mehr als zwei Maschinen von mehr als einem Menschen bedient werden, dann stößt der Zeitstudienmitarbeiter schnell an seine Grenzen. Will man auch diese Fälle zeitstudientechnisch erfassen, dann bietet sich der Einsatz einer videogestützten Zeitstudie an. Dieses Verfahren wird im nächsten Kapitel ausführlich beschrieben.

5.4 Videogestützte Zeitstudie

Mit Einführung der digitalen Videotechnik hat auch die videogestützte Zeitstudie ihren Einzug in die Produktion gehalten. Seitdem wird darüber diskutiert, ob und unter welchen Voraussetzungen diese Technik zulässig ist und wie sie sinnvoll eingesetzt werden kann.

5.4.1 Zulässigkeit videogestützter Zeitstudien

Gemäß § 87 Absatz 1 Nr. 6 BetrVG steht dem Betriebsrat ein Mitbestimmungsrecht bei der Einführung und Anwendung von technischen Überwachungseinrichtungen zu, die dazu bestimmt sind, das Verhalten oder die Leistung der Arbeitnehmer zu überwachen. Außerdem sind die Persönlichkeitsrechte der Arbeitnehmer zu berücksichtigen. Man kann also folgende Richtlinien für den Einsatz der Videotechnik postulieren:

- das Videografieren technischer Einrichtungen, die ohne die Mitwirkung von Menschen arbeiten, ist immer zulässig. Hierunter fallen z.B. Industrieroboter oder automatisch arbeitende Anlagen mit automatischer Bereitstellung des Arbeitsguts.
- sollen die Tätigkeiten von Menschen gefilmt werden, so ist darüber eine entsprechende Betriebsvereinbarung abzuschließen.
- vor dem Einsatz der Videotechnik ist in jedem Fall die persönliche Zustimmung der betroffenen Mitarbeiter einzuholen.
- nach der Aufnahme ist sicherzustellen, dass das Video nicht verändert wird.

5.4.2 Einsatz der Videotechnik

Für den Einsatz der Videotechnik ist zunächst eine geeignete Kamera zu beschaffen. Dabei ist darauf zu achten, dass das Videoformat für die weitere Verwendung im Zeitstudienprogramm geeignet ist. Im Zweifel ist diese Kompatibilität anhand eines Tests sicherzustellen. Außerdem sollte der vorhandene Speicherplatz und die Laufzeit des Videosystems ausreichend bemessen sein. Zusätzlich kann die Beschaffung eines Stativs zweckmäßig sein.

Grundsätzlich muss man natürlich fragen, in welchen Fällen die Videotechnik sinnvoll eingesetzt werden kann. Zunächst ist festzuhalten, dass mit dieser Technik die beste und lückenlose Dokumentation der Zeitstudiendaten erreicht wird. Insbesondere bei späteren Reklamationen ist es möglich, deren Berechtigung anhand der Aufnahme eindeutig festzustellen. Zusätzlich werden Aufnahmefehler, wie z.B. Messpunkt zu früh gesetzt oder Messpunkt verpasst, vollständig vermieden. Man kann also sagen, dass diese Technik in allen Fällen sinnvoll eingesetzt werden kann, wenn die örtlichen Gegebenheiten dies zulassen. Darüber hinaus gibt es Fälle, in denen sich der Einsatz der Videotechnik in besonderem Maße anbietet.

Videoeinsatz bei besonders kurzen Abläufen

Sind die Ablaufabschnitte so kurz, dass eine korrekte Anwahl und rechtzeitige Messung schwierig oder unmöglich ist, dann bietet sich der Einsatz der Zeitlupenfunktion bei der Auswertung an. Da hierbei das Videos fest an die Zeitstudie gekoppelt ist, kann man das Video und die Zeit entsprechend langsamer laufen lassen und so die korrekte Messung sicherstellen.

Videoeinsatz bei schwer zu erkennenden Abläufen

Wenn die zu verrichtende Arbeit an sehr kleinen Objekten durchgeführt werden muss, dann ist es häufig nicht möglich, diese genau zu beobachten, weil das Sichtfeld des Zeitstudien-mitarbeiters nicht so nah an den Arbeitsbereich gebracht werden kann. In diesen Fällen ist der Einsatz von sogenannten Endoskop-Kameras in Verbindung mit einem Stativ sinnvoll.

Videoeinsatz bei gefährlichen oder unzugänglichen Arbeiten

Wenn der direkte Einsatz für den Zeitstudienmitarbeiter mit besonderen Gefahren ver-bunden ist, dann ist die Videotechnik eine sichere Alternative. Dies gilt z.B. für Schweißar-beiten oder Arbeiten mit einem Laser.

Videoeinsatz bei Mehrplatzstudien bzw. Gruppenarbeit

In Abschnitt 5.3.6 haben wir bereits die Grenzen bei der Durchführung von Mehrplatzstudi-en aufgezeigt. Wenn man jedoch den Gesamtablauf filmt, dann kann man bei der Video-auswertung jeden Platz für sich betrachten. Ist nun ein Messpunkt zu setzen, hält man das Video an und setzt in den betroffenen Plätzen einen Messpunkt. Auf diese Weise kann eine beliebige Anzahl von Menschen und Maschinen ohne Fehler aufgenommen werden.

Videoeinsatz bei sehr großen Objekten

Bei der Montage sehr großer Maschinen oder Anlagen ist es häufig nicht möglich, alle be-teiligten Arbeitspersonen direkt zu beobachten. In diesem Fall kann man mehrere Kameras auf Stativen so um das Arbeitsobjekt platzieren, dass alle am Arbeitsprozess Beteiligten von diesen erfasst werden. Später kann man wie bei einer Mehrplatzstudie die beteiligten Personen erfassen.

Videoeinsatz bei sehr lang dauernden Prozessen

Dauern die zu beobachtenden Prozesse sehr lange, dann kann man diese filmen und bei der Auswertung zusammen mit der Aufnahmezeit schneller ablaufen lassen. Auf diese Wei-se kann der zeitliche Aufwand erheblich reduziert werden.

5.4.3 Durchführung einer videogestützten Zeitstudie

Zur Vorbereitung einer videogestützten Zeitstudie ist zunächst die Zulässigkeit zu klären. Der oder die Mitarbeiter müssen ihre Zustimmung ggf. auch schriftlich abgeben. Dann wird am Arbeitsplatz die beste Kameraposition gesucht und ggf. ein Stativ dort aufgestellt. Handelt es sich um ortsveränderliche Tätigkeiten, dann muss die Kamera von Hand geführt werden.

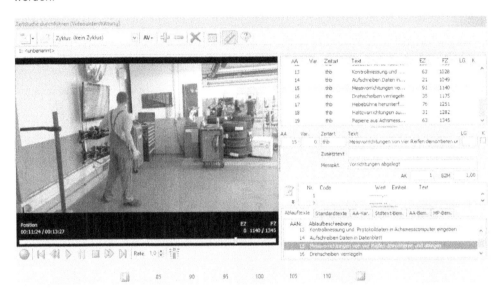

Bild 50: Videogestützte Zeitstudienbearbeitung (Bsp. DRIGUS)

Bevor die Arbeiten beginnen, sollte das Video gestartet werden. Der so entstehende Vorlauf kann später einem entsprechenden Ablaufabschnitt zugeordnet werden. Bei zyklischen Studien kann das Video zu jedem beliebigen Zeitpunkt während der Arbeiten gestartet werden. Es muss jedoch darauf geachtet werden, dass genügend Restzyklen vorhanden sind, um die Studie statistisch absichern zu können. Werden die Arbeiten an einem ortsfesten Platz durchgeführt, dann kann sich der Zeitstudienmitarbeiter nach Start des Videos entfernen um ggf. anderen Arbeiten nachzugehen. Auf diese Weise können sogar mehrere Prozesse parallel aufgezeichnet werden.

Nach Beendigung der Aufnahme kann das Video in Kombination am Arbeitsplatzrechner ausgewertet werden. Es ist wichtig, dass folgende Funktionen zur Verfügung stehen:
- Video und Zeitstudie an den Anfang setzen, starten, zurückspulen, vorspulen, anhalten (Pause), stoppen und an das Ende setzen
- Videogeschwindigkeit einstellen

- Setzen von Messpunkten bei laufender oder stehender Studie
- Anwahl von Ablaufabschnitten und Vergabe einer Zeitart
- Zuordnung eines Standardtextes zum Ablaufabschnitt
- Eingabe eines individuellen Textes zum Ablaufabschnitt
- Eingabe von Leistungsgrad, Kennung für ungültige Messpunkte und Zusatztexte
- Eingabe der Anzahl Arbeitskräfte und Bezugsmengen
- Anwahl von anderen Plätzen bei Mehrplatzstudien

Die Auswertung der Zeitstudie wird wie unter Abschnitt 5.2.9 beschrieben durchgeführt.

5.5 Verteilzeitstudie

5.5.1 Grundlagen einer Verteilzeitstudie

Auf Verteilzeiten sind wir schon in Abschnitt 3.3.1.5 eingegangen. Zur Ermittlung der Verteil-zeitzuschläge können folgende Methoden eingesetzt werden:

- lang dauernde Verteilzeitstudie
- Multimomentstudie (vgl. Abschnitt 6)

Eine Verteilzeitstudie dauert immer eine ganze Schicht. Sie beginnt mit dem Schichtbeginn der beobachteten Arbeitsperson und endet mit dem Schichtende derselben. Von diesen Studien werden dann mehrere an jeweils verschiedenen Wochentagen bei verschiedenen Arbeitspersonen durchgeführt. Man kann sich z.B. darauf einigen, dass die Studien in einer bestimmten Woche von Montag bis Freitag stattfinden. Man kann aber auch die Studie auf mehrere Wochen verteilen, z.B. :

1. Woche, Montag...-...2. Woche, Dienstag...-...3. Woche, Mittwoch usw.

Man kann aber auch wie folgt vorgehen:

1. Woche, Montag und Mittwoch, 2. Woche, Dienstag und Freitag, 3. Woche, Donnerstag

Wie man letztendlich die Studien über die Wochen verteilt, bleibt dem Zeitstudienmitarbeiter überlassen. Bei Bedarf kann der Umfang der Studie auch ausgedehnt werden. Sinnvoll ist es auf jeden Fall, einen Zeitplan vor Beginn der Studien aufzustellen, z.B.:

Zeitplan für die Verteilzeitstudien							
Datum	Wochentag	Beginn	Ende	Arbeitsperson	Pausen		Beobachter
03.03.2014	Montag	07:00	15:45	Herr Müller	9:00-9:15	12:00-12:30	Herr Laufer
05.03.2014	Mittwoch	07:00	15:45	Frau Lessing	9:00-9:15	12:00-12:30	Herr Laufer
11.03.2014	Dienstag	07:00	15:45	Herr Blum	9:00-9:15	12:00-12:30	Herr Laufer
14.03.2014	Freitag	07:00	13:45	Herr Busch	9:00-9:15	12:00-12:30	Herr Laufer
19.03.2014	Donnerstag	07:00	15:45	Frau Becker	9:00-9:15	12:00-12:30	Herr Laufer

Bild 51: Zeitplan für die Verteilzeitstudien

Bei Bedarf können auch noch weitere Informationen in den Zeitplan aufgenommen werden, z.B. Abteilung, Arbeitsprofil, Stellung,....

5.5.2 Vorbereitung einer Verteilzeitstudie

Zur weiteren Vorbereitung einer Verteilzeitstudie gehört die Festlegung der Ablaufabschnitte. Hier ist es immer sinnvoll, die beteiligten Personen einzubeziehen und eine Liste der voraussichtlichen Ablaufabschnitte zu erstellen. Diese Liste sollte man dann in den Stammdaten als Standardbausteine hinterlegen.

Anmerkung:

Ich verzichte hier ausdrücklich auf die Beschreibung der Handhabung einer Verteilzeitstudie nach der REFA Methodenlehre / 5 /. Dort wird beschrieben, wie die Daten unter Verwendung von mehreren handschriftlichen Tabellen zusammengetragen werden. Anschließend werden die Daten dann auf anderen Sortierbögen und schließlich auf Zusammenstellungsbögen handschriftlich zusammengestellt und ausgewertet. Diese Vorgehensweise ist aus heutiger Sicht nicht mehr zeitgemäß.

Nr.	Zeitart	ID	Code	Beschreibung
1	Vp	01	AL.VZ Vp 01	Persönliches Bedürfnis
2	...		AL.VZ ...	
3	Vsk	01	AL.VZ Vsk 01	Anmeldung an BDE und Weg zum Arbe
4	Vsk	02	AL.VZ Vsk 02	Arbeitsplatz vorbereiten b. Schichtbeg.
5	Vsk	03	AL.VZ Vsk 03	Arbeitsplatz räumen u. säubern b. Schic
6	Vsk	04	AL.VZ Vsk 04	Maschine ein/ausschalten zur Pause
7	...		AL.VZ ...	
8	Vsv	01	AL.VZ Vsv 01	Frühbesprechung
9	Vsv	02	AL.VZ Vsv 02	Kleine Störung an BM Arbeitsablauf
10	Vsv	03	AL.VZ Vsv 03	Dienstgespräche
11	Vsv	04	AL.VZ Vsv 04	Behinderung durch andere Personen

Zunächst sollte man in den Stammdaten diejenigen Ablaufabschnitte zusammenstellen, die im Rahmen der Studie voraussichtlich vorkommenden,

Bild 52: Verteilzeiten in den Stammdaten (Beispiel)

Nr.	Zeitart	ID	Code	Beschreibung
1	ZSM	010	AL.FZ ZSM 010	Vorbesprechung zur Sache ZSMA
2	ZSM	020	AL.FZ ZSM 020	Durch ZSMA verursachte Zeiten
3	.		AL.FZ .	
4	N	010	AL.FZ N 010	Andere Arbeit, nicht zum Auftrag gehörend
5	N	020	AL.FZ N 020	Verspäteter Arbeitsbeginn
6	N	030	AL.FZ N 030	Verfrühtes Arbeitsende

Genauso werden die Fehlzeiten in einem Katalog erfasst. Hierzu zählen die durch den Zeitstudienmitarbeiter verursachten Zeiten (ZSM) und die N- und F-Zeiten (vgl. Abschnitt 3.3.1.8).

Bild 53: ZSM-, N-, und F-Zeiten (Beispiel)

Zur Vorbereitung wird nun eine Zeitstudie angelegt und die entsprechenden Ablaufabschnitte in die Textliste übernommen. Anschließend kann ein Erfassbogen ausgedruckt werden:

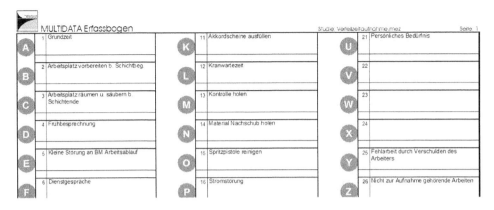

Bild 54: Beispiel-Erfassbogen zur Verteilzeitstudie

Danach ist es sinnvoll, für jeden Beobachtungstag einen eigenen Platz anzulegen, z.B.:
Platz 1: Montag, Platz 2: Dienstag, Platz 3: Mittwoch, Platz 4: Donnerstag, Platz 5: Freitag.

Später kann dann in Platz 6 die Zusammenstellung und Auswertung der Gesamtstudie erfolgen. Nach diesen Vorbereitungen kann die Studie beginnen.

5.5.3 Durchführung einer Verteilzeitstudie

Das folgende Bild zeigt die entsprechenden Messpunkte:

Nr.	AA-Nr	FZ	EZ	Z-Art	Code	Bezeichnung
1	2	782	782	Vsk	AL.VZ Vsk 02	Arbeitsplatz vorbereiten b. Schichtbeg.
2	1	6394	5612	G	AL.VZ G 01	Grundzeit
3	4	6935	541	Vsv	AL.VZ Vsv 01	Frühbesprechung
4	1	14166	7231	G	AL.VZ G 01	Grundzeit
5	5	14451	285	Vsv	AL.VZ Vsv 02	Kleine Störung an BM Arbeitsablauf
6	21	15079	628	Vp	AL.VZ Vp 01	Persönliches Bedürfnis
7	1	18000	2921	G	AL.VZ G 01	Grundzeit
8	27	19500	1500	N2	AL.FZ N2 110	Betriebspause
9	1	27892	8392	G	AL.VZ G 01	Grundzeit
10	13	28238	346	Vsv	AL.VZ Vsv 08	Kontrolle holen
11	1	33827	5589	G	AL.VZ G 01	Grundzeit

Bild 55: Messpunkte einer Verteilzeitstudie (Auszug)

Wie man sieht, ist eine Verteilzeitstudie von einer Ablaufstudie kaum zu unterscheiden. Im folgenden werden die restlichen Studientage in derselben Art erfasst, so dass am Ende alle Teile der Gesamtstudie fertiggestellt sind.

5.5.4 Berechnung der Verteilzeitzuschläge

Da im Beispiel die Software die vollständige Auswertung übernimmt, wollen wir hier die Berechnungsvorschriften nach REFA / 2, 5 / für die Verteilzeitauswertung vorstellen. Bei der Vorbereitung der Studie haben wir Ablaufabschnitte mit folgenden Zeitarten angelegt:

G	Grundzeit	planmäßige Tätigkeits- und ablaufbedingte Wartezeiten, die im Sinne der Auftragserfüllung anfallen (th, tn, tw)
Er	Erholzeit	Zeiten für den Abbau einer Arbeitsermüdung, die aus einer vorhergehenden Arbeitsbeanspruchung folgt
Vsk	Verteilzeit sachl. konst.	regelmäßig wiederkehrende, auftragsunabhängige Zeiten
Vsv	Verteilzeit sachl. var.	Zeiten für zufällig auftretende Ereignisse (Störungen) oder von der Auftragserfüllung abhängige Tätigkeiten, wie das Holen und Bereitstellen von Hilfs- und Betriebsstoffen
Vp	Verteilzeit persönlich	Zeiten für persönlich notwendige Verrichtungen
N	nicht zu verwenden	durch die Arbeitsperson zusätzlich verursachte Zeiten
F	Fallweise auftretend	zusätzliche Zeiten, die durch länger dauernde, außergewöhnliche Störungen verursacht werden.

Wenn wir diese Zeiten addieren, dann bekommen wir die Aufnahmezeit (AZ) wie folgt:

$$AZ = G + Er + Vsk + Vsv + Vp + N + F$$

Für die Summe der Verteilzeiten schreiben wir auch: $V = Vsk + Vsv + Vp$

Für die Berechnung der Verteilzeitzuschläge gilt nun folgendes:

Verteilzeitzuschlag sachlich konstant: $Z_{sk} = \dfrac{V_{sk}}{G+N+F}$

Verteilzeitzuschlag sachlich variabel: $Z_{sv} = \dfrac{V_{sv}}{G}$

Verteilzeitzuschlag persönlich: $Z_{p} = \dfrac{V_{p}}{G+N+F}$

$\Rightarrow$ Verteilzeitzuschlag gesamt: $Z_{v} = Z_{sk} + Z_{sv} + Z_{p}$

5.5.5 Auswertung einer Verteilzeitstudie

Nach jedem Beobachtungstag erhalten wir automatisch die zugehörige Tagesauswertung und die bisherige Summenauswertung. Nach dem letzten Studientag können alle Tagesauswertungen und die Summenauswertung jederzeit abgerufen werden. Das folgende Bild zeigt die Ergebnisse vom Montag und das Gesamtergebnis.

Zeitartanteile	HM	%	Berechnete Verteilzeitzuschläge				Zeitartanteile	HM	%	Berechnete Verteilzeitzuschläge		
G	41079.00	85.68		Vsk	1816		G	199884.0	83.11		Vsk	15467	
Vsk	1816.00	3.79	Zsk = ———— = ———— = 4.37 %				Vsk	15467.00	6.43	Zsk = ———— = ———— = 7.65 %		
Vsv	2389.00	4.98		G + N + F	41509		Vsv	11921.00	4.96		G + N + F	202074	
Vp	2228.00	4.65					Vp	11040.00	4.59				
Er	0.00	0.00					Er	0.00	0.00				
N	0.00	0.00		Vsv	2389		N	0.00	0.00		Vsv	11921	
F	430.00	0.90	Zsv = ———— = ———— = 5.82 %				F	2190.00	0.91	Zsv = ———— = ———— = 5.96 %		
				G	41079						G	199884	
Az	47942.00	100.00		Vp	2228		Az	240502.0	100.00		Vp	11040	
			Zp = ———— = ———— = 5.37 %							Zp = ———— = ———— = 5.46 %		
				G + N + F	41509						G + N + F	202074	
Vs	4205.00	8.77					Vs	27398.00	11.39				
Vp	2228.00	4.65	Zv = Zsv + Zsk + Zp = 15.56 %				Vp	11040.00	4.59	Zv = Zsv + Zsk + Zp = 13.08 %		
V	6433.00	13.42					V	38428.00	15.98				

AP1: Montag / AP2: Dienstag / AP3: Mittwoch / AP4: Donnerstag / AP5: Freitag / vAP6: Gesamt /   AP1: Montag / AP2: Dienstag / AP3: Mittwoch / AP4: Donnerstag / AP5: Freitag / vAP6: Gesamt /

Bild 56: Ergebnisse der Verteilzeitstudie, links Montag, rechts Gesamt (DRIGUS)

Zusätzlich können Sie für jeden Tag und die Gesamtstudie eine Zeitartanalyse abrufen.

Vsk - Verteilzeiten sachlich konstant

Code	Text	HM	%
AL.VZ Vsk 02	Arbeitsplatz vorbereiten b. Schichtbeg.	3128.00	20.22
AL.VZ Vsk 03	Arbeitsplatz räumen u. säubern b. Schichtende	5036.00	32.56
AL.VZ Vsk 01	Anmeldung an BDE und Weg zum Arbeitsplatz	4382.00	28.33
AL.VZ Vsk 04	Maschine ein/ausschalten zur Pause	2921.00	18.89
————	Summe	15467.0	100.00

Vsv - Verteilzeiten sachlich variabel

Code	Text	HM	%
AL.VZ Vsv 01	Frühbesprechung	2705.00	22.69
AL.VZ Vsv 02	Kleine Störung am BM Arbeitsablauf	3145.00	26.38
AL.VZ Vsv 03	Dienstgespräche	2913.00	24.44
AL.VZ Vsv 07	Kranwartezeit	1680.00	14.09
AL.VZ Vsv 08	Kontrolle holen	1478.00	12.40
————	Summe	11921.0	100.00

Vp - Verteilzeiten persönlich

Code	Text	HM	%
AL.VZ Vp 01	Persönliches Bedürfnis	11040.0	100.00
————	Summe	11040.0	100.00

F - Fall zu Fall-Zeiten

Code	Text	HM	%
AL.FZ F 200	Schnittversuche	2190.00	100.00
————	Summe	2190.00	100.00

G - Grundzeiten

Code	Text	HM	%
AL.VZ G 01	Grundzeit	199884	100.00
————	Summe	199884	100.00

N - N-Zeiten

Code	Text	HM	%
————	Summe	0.00	0.00

Bild 57: Zeitartanalyse der Gesamtstudie (DRIGUS)

5.5.6 Verwendung normaler Zeitstudien als Verteilzeitstudien

Wie wir gesehen haben, unterscheidet sich die Verteilzeitstudie nicht wesentlich von einer normalen Zeitstudie. Auch bei einer zyklischen Zeitstudie und einer Ablaufstudie werden alle sachlich variablen und persönlichen Verteilzeiten und anfallende F- und N-Zeiten erfasst. Wenn nun diese normalen Zeitstudien einen genügend langen Zeitraum abdecken,

dann kann man diese mit Hilfe der Auswertungssoftware zu einer großen Studie zusammenfassen und damit die Zuschlagsparameter Zsv, und Zp ermitteln. Bleibt dann nur
noch der Zsk zu ermitteln. Dies kann man durch gesonderte Studien ohne großen Zeitaufwand erreichen. Hierzu muss man lediglich zu den entsprechenden Zeiten (Schichtbeginn,
Schichtende, in Pausennähe und zu Wochenbeginn und Wochenende) einige Mitarbeiter
beobachten und die Ablaufabschnitte messen. Anschließend kann man die Zeiten auf die
Woche hoch rechnen. In unserer Beispielstudie kamen z.B. folgende Vsk-Zeiten vor:

	Montag	Dienstag	Mittwoch	Donnerstag	Freitag	Gesamt
AP vorbereiten b. Schichtbeg.	632	626	627	628	615	3128
AP räumen u. säubern b. Schichtende	458	1230	1130	1018	1200	5036
An-/Abmelden BDE+Weg	433	1000	900	1049	1000	4382
Masch. schalten Pause	293	602	825	601	600	2921
Gesamt	1816	3458	3482	3296	3415	15467

Bild 58: Zusammenstellung der sachlich-konstanten Verteilzeiten (Vsk)

Als Summe erhalten wir also V_{SK} = 15467 HM für die gesamte Woche.

Betrachten wir nun die Verteilzeitanalyse der zusammengefassten Studien, so erhalten wir
z.B. folgendes Ergebnis:

$$AZ = 639628 \text{ HM}$$

Daraus erhalten wir folgende Zuschläge:

$$G = 559227 \text{ HM} = 87,43\,\% \cdot AZ$$
$$V_{SK} = 0 \text{ HM} = 0\,\% \cdot AZ$$
$$V_{SV} = 33261 \text{ HM} = 5,20\,\% \cdot AZ$$
$$V_{P} = 40297 \text{ HM} = 6,30\,\% \cdot AZ$$
$$F = 6844 \text{ HM} = 1,07\,\% \cdot AZ$$

$$\Rightarrow$$

$$Z_{sv} = \frac{V_{SV}}{G} = \frac{33261}{559227} = 5,94\%$$

$$Z_{p} = \frac{V_{P}}{G+N+F} = \frac{40297}{566071} = 7,12\%$$

Die Wochenarbeitszeit beträgt insgesamt: $AZ_{Woche} = 240000 \text{ HM}$

Nun berechnen wir die Anteile der verschiedenen Zeitarten bezogen auf die Wochenarbeitszeit:

$$G = 240000 \text{ HM} \cdot 87,43\,\% = 209832 \text{ HM}$$
$$V_{SK} = \qquad\qquad\qquad = 15467 \text{ HM}$$
$$V_{SV} = 240000 \text{ HM} \cdot 5,20\,\% = 12480 \text{ HM}$$
$$V_{P} = 240000 \text{ HM} \cdot 6,30\,\% = 15120 \text{ HM}$$
$$F = 240000 \text{ HM} \cdot 1,07\,\% = 2568 \text{ HM}$$

Das V_{SK} haben wir aus unserer gesonderten Untersuchung entnommen.

Es gilt: $V = V_{SK} + V_{SV} + V_{P} = (15467 + 12480 + 15120)\text{HM} = 43067 \text{ HM}$

Damit erhalten wir Z_{SK} wie folgt:

$$Z_{SK} = \frac{V_{SK}}{G+N+F} = \frac{15467}{209832+0+2568} = 0,0728 = 7,28\,\%$$

6 Multimomentstudie

6.1 Definition

Die Multimoment-Häufigkeitsstudie (MMH) ist ein Stichprobenverfahren, bei dem in unregelmäßigen, zufällig gewählten Zeitintervallen Vorgänge und/oder Zustände - die sogenannten Ablaufarten - an ausgewählten Beobachtungssystemen beobachtet und registriert werden. Es handelt sich hierbei um eine Zählstichprobe. Aufgrund der Beobachtungen über einen größeren Zeitraum erhält man Häufigkeiten für die verschiedenen Ablaufarten, aus denen mit einer gewissen statistischen Sicherheit auf die unbekannten Anteilswerte der Grundgesamtheit geschlossen werden kann (statistische Genauigkeit). Dieser Vertrauensbereich (auch Konfidenzintervall) ist ein Bereich um den Häufigkeitswert herum, für den mit einer gewissen Aussagewahrscheinlichkeit gesagt werden kann, dass der wahre aber unbekannte Anteilswert der Grundgesamtheit innerhalb dieses Bereiches liegt / 3 /.

6.2 Anwendungsbereiche

Die Multimomentstudie ist ein sehr vielseitiges Instrument, mit dessen Hilfe in kurzer Zeit detaillierte und differenzierte Informationen über einen Betrieb oder Betriebsbereiche gewonnen werden können. Das Verfahren ist in nahezu allen Branchen für die verschiedensten Aufgabenstellungen einsetzbar. Folgende Anwendungsfälle kommen z.B. in Frage:

Ermittlung und Analyse

- der Tätigkeitsstruktur zur Reorganisation der betrieblichen Abläufe
- von Störursachen zur gezielten Verringerung der Stillstandszeiten
- von Haupt-, Neben-, Rüst-, Verteil- und Fehlzeitanteilen zur Verbesserung der betrieblichen Prozesse und zur Erhöhung der Auslastung
- von Kennzahlen zur Planung und Steuerung von Unternehmensprozessen
- von Zeiten für betriebliche Abläufe zur Kalkulation von Produkten
- von zeitlichen und räumlichen Trends für den optimalen Personal- und Resourceneinsatz

Viele Unternehmen der unterschiedlichsten Sparten haben den Nutzen von Multimomentstudien erkannt. Sie werden u.a. durchgeführt in: Produktion, Handelshäusern, Lagern, Logistik, Verwaltungen, Hotels, Gaststätten, Banken, Versicherungen, Flughäfen, Krankenhäuser, Justiz usw.

Es werden grundsätzlich zwei Arten von Multimomentstudien unterschieden:
- Multimoment - Häufigkeitsverfahren MMH
- Multimoment - Zeitmessverfahren   MMZ

Zusätzlich gibt es noch das Verfahren der Intervallzeitstudie (auch Gruppenzeitstudie), welches ebenfalls viele Merkmale einer Multimomentstudie aufweist. Da das MMH-Verfahren am häufigsten zur Anwendung kommt und alle grundsätzlichen Merkmale aufweist, soll zunächst dieses beschrieben werden. Anschließend werden die Unterschiede zu den anderen Verfahren aufgezeigt.

Der Begriff Multimomentstudie ist aus dem Lateinischen entlehnt (multi = viele, momentum = Augenblick) und wurde 1954 von de Jong geprägt. Der Begriff tauchte im selben Jahr erstmals im Schrifttum des REFA-Verbandes auf. Die Technik der Multimomentstudie wurde jedoch bereits um 1925 erstmals von Kohlweiler und später 1934 von Tippett angewendet und beschrieben. Das Grundprinzip einer MMH-Studie ist folgendes:
Ein Beobachter läuft wiederholt einen zuvor festgelegten Rundgang ab, sucht dabei die gewählten Beobachtungssysteme auf und notiert die dort vorgefundenen Ablaufarten.

Dieses Grundprinzip erläutern wir im folgenden anhand eines einfachen Beispiels:
In einer Halle stehen 4 Aufschnitt- und Verpackungsmaschinen. Die Aufschnittware ist in Kunststofffolie zu verpacken. Bei der Produktion treten folgende Ablaufarten auf:

1 = Hauptzeit

2 = Umrüsten auf neuen Auftrag

3 = Etikettenwechsel

4 = Folienwechsel

5 = Messer wechseln

6 = Druckbild wechseln

7 = Störung beseitigen

Um die Anteilswerte für die Ablaufarten zu erhalten, wird eine Multimomentstudie durchgeführt, bei der die Maschinenzustände mit Datum und Uhrzeit erfasst werden. Das folgende Bild zeigt den Zustand eines Tages in der Zeit zwischen 6:00 und 6:50.

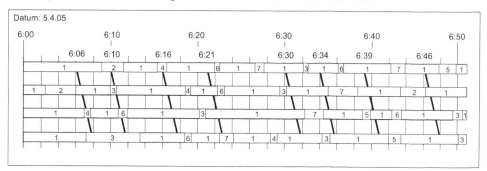

Bild 59: Rundgänge einer MMH-Studie

Die Dauer eines Rundgangs beträgt ca. 2 Minuten und die Rundgangszeiten werden nach dem Zufallsprinzip erzeugt. Folgende Beobachtungen fallen in diesem Zeitraum an:

Rundgang		M1	M2	M3	M4	Rundgang		M1	M2	M3	M4
1:	von 6:06 bis 6:08	1	1	4	3	5:	von 6:30 bis 6:32	1	1	1	1
2:	von 6:10 bis 6:12	2	3	6	3	6:	von 6:34 bis 6:36	1	1	1	1
3:	von 6:16 bis 6:18	4	1	1	1	7:	von 6:39 bis 6:41	1	1	1	1
4:	von 6:21 bis 6:23	1	1	1	7	8:	von 6:46 bis 6:48	1	1	1	1

Natürlich ist der betrachtete Zeitraum zu kurz, um eine abgesicherte Aussage machen zu können. Betrachtet man das Ergebnis nach einer Woche, so könnte es wie folgt aussehen:

1 = Hauptzeit	1188	79,20%
2 = Umrüsten auf neuen Auftrag	152	10,13%
3 = Etikettenwechsel	25	1,67%
4 = Folienwechsel	17	1,13%
5 = Messer wechseln	26	1,73%
6 = Druckbild wechseln	30	2,00%
7 = Störung beseitigen	62	4,13%
Summe der Beobachtungen	1500	100,00%

Der Anteil für das Umrüsten beträgt somit 152/1500 = 0,1013 = 10,13 %. Es bleibt nun zu untersuchen, mit welcher Genauigkeit dieser und die anderen Anteile abgeschätzt werden konnten. Hierzu wird für jede Ablaufart der Vertrauensbereich berechnet (vgl. Abschnitt 6.5.3.2). Nachdem wir das Grundprinzip einer MMH-Studie kennengelernt haben, wollen wir die Vorgehensweise bei Vorbereitung, Durchführung und Auswertung näher untersuchen.

6.3 Vorbereitung einer MMH-Studie

6.3.1 Information der Betroffenen

Schon im Vorfeld einer Multimomentstudie sind alle betroffenen Personen über das Projekt zu informieren und ggf. entsprechende Betriebsvereinbarungen abzuschließen. Die weiteren Vorbereitungsschritte müssen ebenfalls mit den Betroffenen abgestimmt werden.

6.3.2 Ziele, Untersuchungsbereich und Genauigkeit

Zunächst werden die Ziele der Studie festgelegt und ein entsprechender Untersuchungsbereich abgegrenzt. Daraus ergeben sich häufig bereits die anzustrebenden Genauigkeiten für die unterschiedlichen Ablaufarten. Ist z.B. eines der Studienziele die Ermittlung des sachlichen Verteilzeitzuschlags und wird dieser in der Größenordnung von ca. 8% erwartet, so ist für diese Ablaufart sicher eine absolute statistische Genauigkeit von ca. 1% sinnvoll, so dass später der wahre Wert der Grundgesamtheit zwischen 7% und 9% anzusiedeln ist.

6.3.3 Einsatz- und Hilfsmittel

Früher ist der Einsatz von Multimomentstudien häufig an dem großen Zeitaufwand für die manuelle Bearbeitung gescheitert. Seit den letzten 20 Jahren kommt dem Einsatz von Computern hierfür eine immer größere Bedeutung zu. Es wurden spezielle Computerprogramme in Verbindung mit mobilen Datenerfassungsgeräten entwickelt, die das gesamte Spektrum aus Vorbereitung, Durchführung und Auswertung unterstützen. Es ist sicherlich von Vorteil, aus dem vorhandenen Angebot ein entsprechend leistungsfähiges System auszuwählen.

6.3.4 Beobachtungssysteme

Die Beobachtungssysteme werden unter Berücksichtigung der Untersuchungsziele und des Untersuchungsbereichs bestimmt und können sowohl Personen als auch Anlagen, Maschinen oder Materialien umfassen. Soll z.B. die Auslastung von Maschinen analysiert werden, so sind die Beobachtungssysteme die vorhandenen Maschinen.

6.3.5 Ablaufarten

Im nächsten Schritt sind in Abhängigkeit von den bisherigen Festlegungen die Ablaufarten zu definieren und ausführlich zu beschreiben. Hier muss darauf geachtet werden, dass diese möglichst vollständig aufgeführt werden und deren Gliederung nicht zu grob und auch nicht zu fein ausfällt. Die Anzahl der Ablaufarten hängt von der Größe der Studie und damit von der Anzahl und Art der Beobachtungssysteme ab.

6.3.6 Planung der Rundgänge

Je nach Umfang der Studie werden nun die Rundgänge festgelegt. Bei kleinen Studien mit nur einem Rundgang enthält dieser sämtliche Beobachtungssysteme. Bei größeren Studien, mit mehreren Schichten, mehreren Abteilungen und/oder mehreren Standorten sind Rundgänge anzulegen, die jeweils eine Untermenge der Beobachtungssysteme umfassen. Sind z.B. in der Nachtschicht mehrere Arbeitsplätze oder Maschinen planmäßig nicht belegt, so werden diese natürlich nicht in den entsprechenden Rundgang aufgenommen. Bei den Rundgängen ist ggf. festzulegen, welchen Beobachtungsstandort der Beobachter zum Beobachtungssystem einnehmen soll und in welcher Reihenfolge die Beobachtungssysteme abzugehen sind. Wenn möglich, sollten mehrere Beobachtungsfolgen je Rundgang angelegt werden, von denen eine vor Rundgangsbeginn zufällig ausgewählt wird. Das letztere funktioniert natürlich nur, wenn die Beobachtungssysteme ortsfest sind. Bei der Beobachtung von ortsveränderlichen Beobachtungssystemen, z.B. Gabelstaplern, ergibt sich die Beobachtungsreihenfolge durch das zufällige Auftauchen der teilnehmenden Systeme. Für jeden Rundgang sind entsprechende Rundgangspläne anzufertigen und beim Einsatz von spezieller Computersoftware die zugehörigen Rundgangsbögen zu drucken.

6.3.7 Namensschilder und Informationsformulare

Zur Erleichterung der Identifikation ist es sinnvoll, jedes Beobachtungssystem mit einem entsprechenden Namensschild zu versehen. Das Namensschild sollte die laufende Nummer, ggf. eine Identnummer und den Namen des Systems enthalten.

Bei der Beobachtung von Personen und anderen ortsveränderlichen Beobachtungssystemen kann es vorkommen, dass diese an ihrem normalen Aufenthaltsort nicht angetroffen werden. Für diese Fälle sollten Abmeldeformulare verteilt werden, auf denen der Name, der Abwesenheitsort und -grund mit Beginn- und Endezeitpunkt eingetragen werden kann. Bei Unklarheit kann zunächst eine Ablaufart „nicht erkennbar" vergeben werden; diese wird dann nach Klärung zu einem späteren Zeitpunkt korrigiert. Zur Nachvollziehbarkeit sollte hierzu ein entsprechendes Änderungsformular entwickelt werden. Stehen Maschinen oder Anlagen ohne erkennbaren Grund still und es kann keine Bedienperson dazu befragt werden, so sollten Informationsformulare bereitgelegt werden auf denen der Stillstandsgrund eingetragen wird.

6.3.8 Schulung der Beobachter

Je nach Umfang und Größe der Studie werden ein oder mehrere Beobachter zum Einsatz kommen. Diese müssen durch eine entsprechende Fachkraft in Hinblick auf folgende Themengebiete geschult werden:

- Erläuterung des Grundprinzips einer Multimomentstudie
- Sicheres Erkennen der Ablaufarten
- Diskretes und höfliches Verhalten im Umgang mit den beteiligten Personen
- Sicherer Umgang mit den Informations- und Erfassformularen
- Sicherer Umgang mit den Datenerfassungsgeräten und der zugehörigen Software

Im Rahmen der Schulung sollten Proberundgänge durchgeführt werden, um zu überprüfen, ob die oben beschriebenen Anforderungen durch die Beobachter erfüllt werden.

6.3.9 Rundgangsdauer, Festlegung der Schichtdaten und Pausen

Im Rahmen der Proberundgänge kann auch die Rundgangsdauer je Rundgang ermittelt werden. Diese sollte zunächst großzügig bemessen sein und kann während der Studie bei entsprechendem Übungsgrad der Beobachter schrittweise reduziert werden. Weiterhin wird festgelegt, in welchen Zeiträumen Beobachtungen stattfinden. Dazu müssen die Zeiten für Arbeitsbeginn und -ende und die Pausenregelungen für jede Schicht und jeden Wochentag erfasst werden. In diesem Zusammenhang ist zu entscheiden, ob der oder die Beobachter in eine Pause hinein laufen sollen, um das Verhalten in Pausennähe zu beobachten, oder nicht. Falls in einem Beobachtungsbereich flexible Pausenregelungen existieren, so werden die betroffenen Beobachtungssysteme in den Pausen nicht erfasst sondern übersprungen.

6.3.10 Zuordnung der Beobachter zu Rundgängen und Schichten

Jeder Beobachter sollte einem Rundgang in einer Schicht zugeteilt werden. Wenn einem größeren Rundgang mehrere Beobachter zugeteilt werden, so ist zu beachten, dass der zeitliche Abstand zwischen den Beobachtern einen bestimmten Wert nicht unterschreitet.

6.3.11 Abschätzung der Studiendauer

Zur Abschätzung der Studiendauer werden zunächst für jede Ablaufart der vermutete Anteil und der zugehörige erforderliche Vertrauensbereich (VB) geschätzt. Wird z.B. der Anteil an Hauptzeit zu 80% und der Anteil an Umrüsten zu 12% geschätzt, so reicht für die Hauptzeit ein erforderlicher VB von 3% sicherlich aus. Für das Umrüsten ist ein kleinerer erforderlicher VB anzusetzen, z.B. 1 %. Die Berechnung des voraussichtlichen Stichprobenumfangs wird in Abschnitt 6.5.3.2 behandelt. Danach erhält man für die Hauptzeit folgendes:

$$n' = 1{,}96^2 \cdot \frac{0{,}80 \cdot (1 - 0{,}80)}{0{,}03^2} \approx 683$$

Für die Ablaufart „Umrüsten" erhalten wir hingegen:

$$n' = 1{,}96^2 \cdot \frac{0{,}12 \cdot (1 - 0{,}12)}{0{,}01^2} \approx 4057$$

Werden z.B. 400 Beobachtungen pro Tag durchgeführt, so würde die Studiendauer zur statistischen Absicherung der Ablaufart „Umrüsten" ca. 10 Arbeitstage betragen. Für die Hauptzeit, die ja häufiger beobachtet wird, würden bereits 2 Tage ausreichen.

6.3.12 Bestimmung der Rundgangszeitpunkte

Die Rundgangszeitpunkte einer MMH-Studie werden nach dem Zufallsprinzip erzeugt. Standardsoftware zur Durchführung der Studien verfügt über eine entsprechende Funktion. Bei der manuellen Erzeugung kann man sich der Zufallszahlenfunktion einer Tabellenkalkulation bedienen oder die Zeitpunkte aus entsprechenden Zufallstabellen manuell entnehmen.

6.4 Durchführung einer MMH-Studie

Von den Beobachtern werden zu den ermittelten Zeitpunkten die jeweiligen Rundgänge gestartet. Im Laufe des Rundgangs werden die Beobachtungssysteme aufgesucht und je Beobachtungssystem eine Ablaufart bestimmt. Kann die Ablaufart nicht sofort zweifelsfrei bestimmt werden, so wird diese durch zusätzliche Befragungen ermittelt.

Manuelle Erfassung

Zur manuellen Erfassung verwenden die Beobachter entsprechende Aufnahmebögen, die in der REFA-Methodenlehre beschrieben sind. Nach bestimmten Abständen werden Zwischenauswertungen durchgeführt, um den Gesamtaufwand der Studie abzuschätzen.

Erfassung mit speziellen Computerprogrammen und mobilen Datenerfassungsgeräten

Bei dieser Art der Erfassung werden sämtliche Studiendaten an ein mobiles Datenerfassungsgerät übertragen. Hierzu dienen spezielle Erfassgeräte (z.B. MULTIDATA) oder auch Note-, Netbooks oder Tablett-PCs. Das Erfassgerät meldet sich bei Rundgangsstart mit einem akustischen Signal. Nach Rundgangsbeginn wird der Beobachter von dem Gerät durch den Rundgang geführt. Bei jedem Beobachtungssystem wird die beobachtete Ablaufart über Tastatur oder Touchscreen eingegeben.

Nach Beendigung des Rundgangs wird die nächste Rundgangszeit angezeigt. In der Regel können zu jedem beliebigen Zeitpunkt der Studie Zwischenauswertungen mit dem Computer durchgeführt werden. Auf diese Weise kann die Studiendauer sehr genau abgeschätzt werden und ggf. vorhandene Mängel in der Studie sofort beseitigt werden. Die hier beschriebene Erfassung ist auf jeden Fall der manuellen Erfassung vorzuziehen.

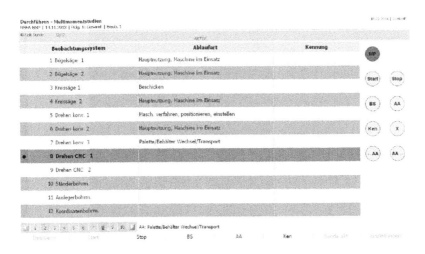

Bild 60: Beispiel MMH-Erfassung am Tablet-PC

Bei der Durchführung von MMH-Studien können Zwischenfälle auftreten, die zu Veränderungen im Ablauf der Studie führen und folgende Korrekturen notwendig machen.

Auftreten neuer Ablaufarten

Wurden im Rahmen der Vorbereitungen nicht alle vorkommenden Ablaufarten zusammengestellt, so werden die fehlenden während der Studie ergänzt.

Verschwinden oder Auftreten neuer Beobachtungssysteme

Es können einzelne Beobachtungssysteme über einen längeren Zeitraum verschwinden. Die entsprechenden Systeme werden ausgeblendet bzw. auf den Erfassbögen gestrichen. Kommen neue Beobachtungssysteme hinzu, so werden diese zusätzlich angelegt.

Unterschiede in der Erfassung der Daten je Beobachter

Werden mehrere Beobachter eingesetzt (z.B. in verschiedenen Schichten), so sollten frühzeitig die Auswertungen der Beobachter gegenübergestellt werden, um etwaige Falschinterpretationen bei der Beurteilung der Ablaufarten zu erkennen.

6.5 Auswertung einer MMH-Studie

6.5.1 Manuelle Auswertung einer MMH-Studie

Bei der manuellen Auswertung wird man sich in der Regel auf die einmalige Auswertung aller Daten beschränken. Dabei werden die Beobachtungen je Ablaufart addiert und zur Summe der Beobachtungen ins Verhältnis gesetzt. Weiterhin wird je Ablaufart der Vertrauensbereich, bzw. der halbe Vertrauensbereich, und die untere und obere Vertrauensbereichsgrenze berechnet.

Das Ergebnis kann in einer Tabelle der folgenden Form festgehalten werden:

Nr. AA	Bezeichnung AA	Abs. Häufigk.	Rel. Häufigk. [%]	VB/2 [%]	VBu [%]	VBo [%]	geford. VB [%]	ca. notw. Beob.	noch notw. Beob.
1	Hauptzeit	4823	79,3	1,02	78,31	80,34	3,0	700	0
2	Umrüsten auf neuen Auftrag	583	9,6	0,74	8,85	10,33	0,6	9251	3171
3	Etikettenwechsel	124	2,0	0,36	1,68	2,39	0,3	8528	2448
4	Folienwechsel	64	1,1	0,26	0,80	1,31	0,2	10003	3923
5	Messer wechseln	112	1,8	0,34	1,50	2,18	0,3	7718	1638
6	Druckbild wechseln	137	2,3	0,37	1,88	2,63	0,3	9401	3321
7	Störung beseitigen	237	3,9	0,49	3,41	4,38	0,4	8994	2914
	Summe	6080	100,0						

Bild 61: Manuelle Endauswertung einer MMH-Studie

Mit dem jeweils geforderten Vertrauensbereich je Ablaufart werden dort auch die insgesamt notwendigen Beobachtungen und die sich daraus ergebenden noch notwendigen Beobachtungen ausgegeben. Um auch den Folienwechsel (Anteil 1,1%) mit einer statistischen Sicherheit von 0,2% abzusichern, sind also noch ca. 3900 Beobachtungen erforderlich. Die Ablaufart „Hauptzeit" ist bereits jetzt abgesichert.

6.5.2 EDV-gestützte Auswertung einer MMH-Studie

Da sich der Arbeitsaufwand bei dieser Art der Auswertung erheblich reduziert, können die Daten nach relativ vielen verschiedenen Kriterien durchleuchtet werden. Insbesondere ist es hier leicht möglich, die Auswertungen nach den verschiedenen Arten von Beobachtungssystemen zu differenzieren. Werden z.B. in einer Studie Menschen und Maschinen zusammen erfasst, so müssen später, je nach Art, unterschiedliche Auswertungen durchgeführt werden, weil die Ablaufarten für Menschen und Maschinen selbstverständlich völlig unterschiedlich sind. Außerdem sind Differenzierungen nach folgenden Kriterien denkbar: Datum, Uhrzeit, Wochentage, Beobachter und Rundgang. Nachdem ein Kriterium oder eine Kombination derselben aktiviert wurde, können die Daten der Auswertung auf verschiedenste Weise gruppiert werden. Die Beobachtungssysteme könnten z.B. nach folgenden Kriterien zusammengefasst werden:

Menschen: Geschlecht, Alter, Qualifikation, Größe, Gewicht,...
Maschinen: Leistung, Verfahren, Automatisierung, Alter, Abteilung, Größe, Ausbringung,...
Materialien: Art, Größe, Stückzahl, Werkstoff,...

In gleicher Weise können auch die Ablaufarten gruppiert werden. Denkbar wäre hier folgendes: Anforderung, Zeitart, Haupt,- Neben,- und Verteilzeiten, ...
Da alle Kriterien miteinander kombiniert werden können, ergibt sich eine sehr große Anzahl von Auswertemöglichkeiten.

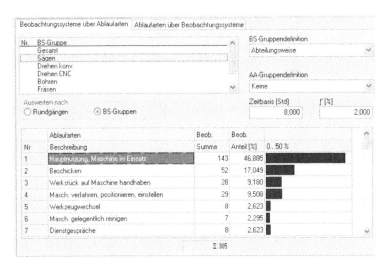

Bild 62: Auswertung der Abteilung Sägen (Bsp. MULTI / DRIGUS)

Neben den Standardauswertungen gibt es noch weitere mögliche Auswertungen:

Verteilzeitauswertung: Die MMH-Studie wird auch dazu genutzt, die Verteilzeitprozentsätze abzuschätzen. Die dabei zu berücksichtigenden Berechnungsvorschriften sind in der Auswertungssoftware bereits hinterlegt, so dass hierzu keinerlei Zusatzaufwand anfällt.

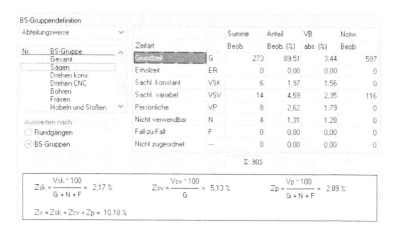

Bild 63: Verteilzeitauswertung der Abteilung Sägen

Wochenprofilauswertung: Hier werden für jede Ablaufart bzw. Gruppe von Ablaufarten die Anteile für die verschiedenen Wochentage ausgegeben.

Tagesprofilauswertung: Für jede Ablaufart bzw. Gruppe von Ablaufarten werden die Anteile für die verschiedenen Tageszeiträume stündlich angezeigt.

Mit den Profilauswertungen werden zeitliche Trends und Verschiebungen in den Ablaufarten ersichtlich. Es wird deutlich, ob zu bestimmten Zeiträumen in der Woche oder am Tag besonders hohe oder niedrige Anteile auftreten. Dies kann z.B. für die Planung von Ressourcen sehr hilfreich sein.

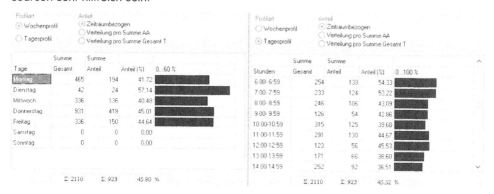

Bild 64: Tages- und Wochenprofilauswertungen

Statistische Überwachung mit Hilfe der Trompetenkurve

Bei EDV-gestützter Auswertung kann sehr leicht für jede Ablaufart bzw. Gruppe von Ablaufarten die Trompetenkurve ausgegeben werden. Dabei wird der zeitliche Verlauf der Häufigkeiten und der Vertrauensbereiche dargestellt. Überschneidet die Linie der Häufigkeiten die
Vertrauensbereichsgrenzen nicht, so geht man von einem ungestörten Studienverlauf aus.

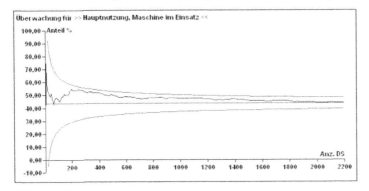

Bild 65: Statistische Überwachung mit Hilfe der Trompetenkurve

6.5.3 Statistische Grundlagen der Multimomentstudie

6.5.3.1 Allgemeines

Im Rahmen der Multimomentstudie wird der Vertrauensbereich für die jeweiligen Anteilswerte berechnet. Dieser wird auch häufig „Statistische Genauigkeit" oder „Konfidenzintervall" genannt / 3 /. Allgemein versteht man hierunter den Grad der Annäherung an einen
wahren oder vorgegebenen Wert. Mit der statistischen Genauigkeit ist normalerweise der
Grad der Annäherung einer statistischen Kenngröße einer Stichprobe (z.B. Anteilswert, Mittelwert) an den wahren Wert der sogenannten Grundgesamtheit gemeint. Eine Stichprobe
stellt hierbei eine Untermenge von Daten über eine bestimmte Problemstellung dar. Diese
wird immer dann herangezogen, wenn es zu aufwändig oder auch unmöglich ist, sämtliche
Daten der Problemstellung, die sogenannten Grundgesamtheit, zu erfassen. Der Vertrauensbereich ist ein Bereich um die Kenngröße herum, für den mit einer gewissen Wahrscheinlichkeit (Aussagewahrscheinlichkeit) gesagt werden kann, dass der wahre aber unbekannte Wert der Grundgesamtheit innerhalb dieses Bereiches liegt. Zur Erklärung der
statistischen Genauigkeit sind zunächst einige Begriffe zu erläutern:

Grundgesamtheit: Alle Informationen über eine Problemstellung.

Stichprobe: Untermenge aus der Grundgesamtheit, die gewisse Rückschlüsse auf die Grundgesamtheit zulässt. Eine Stichprobe wird dann erhoben, wenn es nicht möglich oder zu aufwändig ist, die komplette Grundgesamtheit zu untersuchen. Sie sollte möglichst alle Eigenschaften der Grundgesamtheit aufweisen.

Merkmalsausprägungen: Die Objekte (Personen oder Systeme), die befragt, beobachtet oder an denen Messungen vorgenommen werden, nennt man Untersuchungseinheiten. Die Größen oder Eigenschaften, auf die sich die Fragen, Beobachtungen oder Messungen beziehen, heißen Merkmale. Die Größe bzw. Eigenschaft eines Merkmals nennt man Merkmalsausprägung. Die Merkmals- oder Datenarten sind in Abschnitt 2.1 ausführlich beschrieben.

6.5.3.2 Statistische Genauigkeit qualitativer Daten

Qualitative Daten haben z.B. folgende Merkmale und Merkmalsausprägungen:

Merkmal	Ausprägungen
Geschlecht	männlich, weiblich
Farbe	Rot, Gelb, Grün, Blau, Braun...
Transportmittel	Fahrrad, PKW, LKW, Schiff, Flugzeug, Handkarre
Note	sehr gut, gut, befriedigend, ausreichend, mangelhaft, ungenügend

Bei der Untersuchung qualitativer Daten wird in der Regel analysiert, wie häufig die verschiedenen Ausprägungen auftreten.

Beispiel: Für einen Hersteller von Autolacken ist es von Interesse, welche Farben mit welcher Häufigkeit vorkommen. Zur Ermittlung der Anteile wurden folgende Beobachtungen durchgeführt:

Farbe	Weiß	Gelb	Rot	Blau	Grün	Grau	Schwarz	Andere	Summe
Anzahl Beobachtungen	20	22	44	93	55	115	63	3	415
Anteil [%]	4,82	5,3	10,6	22,41	13,25	27,71	15,18	0,72	100

Bild 66: Beobachtete Häufigkeiten von Farben bei PKW

Wie genau nähert nun der Anteilswert für „Farbe=Grün" den wahren Wert der Grundgesamtheit an?

Der halbe Vertrauensbereich wird nach folgender Formel berechnet:

$$\frac{VB}{2} = f = \pm u_{\left(1-\frac{\alpha}{2}\right)} \cdot \sqrt{\frac{p \cdot (1-p)}{n}}$$

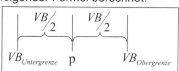

$u_{(1-\alpha/2)}$: zweiseitiger kritischer Wert aus der Verteilungsfunktion der Normalverteilung (1,96)

p: Anteilswert der Stichprobe (nicht in % eintragen, z.B. 45% $\hat{p} = 0,45$)

n: Anzahl Messungen

Für die Aussagewahrscheinlichkeit von 1-α = 95% ist der Wert für u = 1,96.

In unserem Beispiel berechnet sich der Vertrauensbereich für „Farbe = Grün" wie folgt:

$$\frac{VB}{2} = \pm 1,96 \cdot \sqrt{\frac{0,1325 \cdot (1-0,1325)}{415}} = \pm 1,96 \cdot \sqrt{\frac{0,1149}{415}} = \pm 0,0326 = \pm 3,26\%$$

Der wahre, jedoch unbekannte Anteilswert der Grundgesamtheit liegt also mit einer Wahrscheinlichkeit von 95% zwischen 9,99 % und 16,52 % (13,253 % ± 3,262 %).

Geforderter Vertrauensbereich

Oft wird gefordert, dass der Vertrauensbereich f einen vorgegebenen Wert f´ erreicht bzw. unterschreitet. Wenn dieser Wert noch nicht erreicht werden konnte, ist es notwendig, weitere Stichprobenwerte zu erheben. Nun stellt sich die Frage, wie groß die Stichprobe sein muss, damit der geforderte Wert f´ erreicht wird. Hierzu stellt man die Formel für die Berechnung des Vertrauensbereichs wie folgt um:

$$\left(f'\right)^2 = \left(u_{(1-\alpha/2)}\right)^2 \cdot \frac{p \cdot (1-p)}{n'} \qquad \Rightarrow \qquad n' = \left(u_{(1-\alpha/2)}\right)^2 \cdot \frac{p \cdot (1-p)}{\left(f'\right)^2}$$

Fordern wir in unserem Beispiel f´ = 1% für den Anteilswert Farbe=Grün, so ergibt sich folgendes:

$$n' = \left(u_{(1-\alpha/2)}\right)^2 \cdot \frac{p \cdot (1-p)}{\left(f'\right)^2} = \frac{1,96^2 \cdot 0,135 \cdot (1-0,135)}{0,01^2} = \frac{3,8416 \cdot 0,1168}{0,0001} = 4487$$

Nach bereits 415 Beobachtungen, sind voraussichtlich noch 4072 Beobachtungen erforderlich, um einen halben Vertrauensbereich von 1 % zu erreichen.

6.6 Alternative Verfahren

6.6.1 Multimoment - Zeitmessverfahren MMZ

Beim MMZ-Verfahren geht man ähnlich vor wie bei dem MMH-Verfahren. Es werden nach dem Zufallsprinzip Rundgänge durchgeführt und dabei die Ablaufarten der Beobachtungssysteme erfasst. Der Unterschied besteht darin, dass beim MMZ-Verfahren aus den Beobachtungszeitpunkten Zeitwerte für die beobachtete Ablaufart berechnet werden. Tritt erstmalig eine neue Ablaufart an einem Beobachtungssystem auf und wird diese in der Folge mehrfach am selben Beobachtungssystem registriert, dann geht man davon aus, dass diese Ablaufart während der gesamten Zeitdauer der Beobachtungen ohne wesentliche Unterbrechungen durchgeführt wurde. Tritt nun irgendwann eine andere Ablaufart auf, so kann man den Zeitraum zwischen erstmaligem und letztmaligem Auftreten als die kürzestmögliche Zeit für die Ablaufart annehmen. Nimmt man die Zeitpunkte der Beobachtungen die unmittelbar vor dem erstmaligem und direkt nach dem letztmaligem Auftreten registriert wurden, so kann die Differenz der Zeitpunkte als längstmögliche Zeit für die Ablaufart angenommen werden. Dieses Verfahren liefert nur dann brauchbare Ergebnisse, wenn die Beobachtungszyklen relativ klein gegenüber den Zeiten der Ablaufarten sind.

Mit Hilfe der folgenden Grafik wird das Prinzip des MMZ-Verfahrens deutlich:

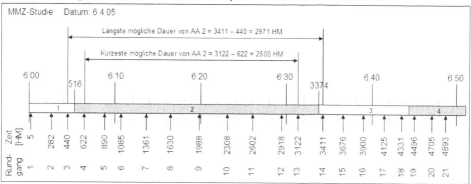

Bild 67: Rundgänge einer MMZ-Studie

Zur einfacheren Berechnung haben wir die Beobachtungszeitpunkte ab 6:00 Uhr in HM (Hundertstel Minuten) eingetragen. Für die Ablaufart 2 (AA 2) erkannt man folgendes:

Ablaufart	Beginn [HM]	Ende [HM]	Dauer [HM]
2	516	3374	3374 − 516 = 2858

Für die letzte Beobachtung vor Beginn von AA 2 und die erste Beobachtung nach Ende von AA 2 lassen sich folgende Werte ablesen:

Letzte Beobachtung vor Beginn von AA 2 [HM]	Erste Beobachtung nach Ende von AA 2 [HM]	Längste mögliche Dauer von AA 2 [HM]
440	3411	3411 − 440 = 2971

Die kürzeste mögliche Dauer von AA 2 ergibt sich analog zu:

Erste Beobachtung nach Beginn von AA 2 [HM]	Letzte Beobachtung vor Ende von AA 2 [HM]	Kürzeste mögliche Dauer von AA 2 [HM]
622	3122	3122 − 622 = 2500

Bildet man den Mittelwert aus längster und kürzester möglicher Zeitdauer, so erhält man einen guten Schätzwert für die tatsächliche Dauer T_{AA2}* = (2971 + 2500) HM / 2 = 2736 HM.

6.6.2 Gruppen- oder Intervallzeitstudie

Dieses Verfahren wird auch Zeitmessung mit grober Teilung genannt. Dabei werden Beobachtungen der Ablaufarten in regelmäßigen gleichen Zeitabständen an den Beobachtungssystemen durchgeführt. Das Prinzip wird anhand der folgenden Grafik deutlich:

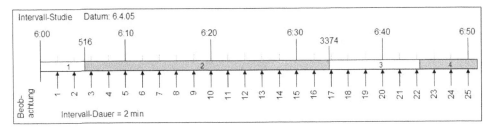

Bild 68: Beobachtungen einer Intervallzeitstudie

Wie man sieht, wird die AA2 zum ersten Mal bei der dritten und zum letzten Mal bei der 16. Beobachtung registriert. Insgesamt sind also 14 Beobachtungen hierfür angefallen. Für die Abschätzung der Dauer von AA2 wird nun jede Beobachtung mit der Intervalldauer (hier 2 min) multipliziert, so dass die Zeit für AA2 mit 28 min abgeschätzt werden kann.

Wie beim MMZ-Verfahren müssen hier die Beobachtungsintervalle im Verhältnis zur Länge der Ablaufarten hinreichend kurz sein. Die Anzahl der Beobachtungssysteme darf deshalb nicht zu groß sein.

7 Planzeiten

7.1 Definition

Definition nach REFA / 2 /: Planzeiten sind Soll-Zeiten für bestimmte Abschnitte, deren Ablauf mit Hilfe von Einflussgrößen beschrieben ist.

Definition nach / 3 /: Planzeiten sind Soll-Zeiten für Prozesse, für die ein Zusammenhang zwischen einer oder mehreren Einflussgrößen und der resultierenden Zeit besteht. Mit dem Begriff „Einflussgröße" beschreibt man, welche Variable Einfluss auf die Zeit hat.

Ich halte diese Definitionen für nicht ganz zutreffend. Es wird zugrunde gelegt, dass Planzeiten immer etwas mit Einflussgrößen (EFG) zu tun haben müssen, also dass immer ein irgendwie gearteter Zusammenhang zwischen EFG und der Zeit besteht. Natürlich ist es so, dass ein bestimmter Anteil der Planzeiten tatsächlich von betrieblichen EFG abhängt, jedoch sind die meisten der Planzeitbausteine lediglich Mittelwerte aus gemessenen Zeiten, die nicht von irgendwelchen EFG abhängen. Vielleicht trifft die folgende Definition deshalb eher zu:

Definition Planzeit:
Planzeiten sind Soll-Zeiten für Arbeitsabläufe oder Prozesse. Sie können einerseits als Mittelwerte aus Ist-Zeiten abgeleitet sein oder aber den Zusammenhang zwischen einer oder mehreren EFG und der zugehörigen Zielgröße Zeit beschreiben.

7.2 Arten von Planzeitbausteinen

In der Praxis werden folgende Arten von Planzeitbausteinen unterschieden:

Planzeiten, die aus Zeitstudien abgeleitet werden
Mit diesen Planzeiten werden wir uns in diesem Kapitel ausführlich beschäftigen. Wenn im folgenden von Planzeiten die Rede ist, dann ist ausschließlich diese Art gemeint.

Planzeiten, die aus Systemen Vorbestimmter Zeiten (SVZ) entnommen werden
Hierbei handelt es sich um Systeme, mit deren Hilfe allein durch die Analyse eines Bewegungsablaufes die Zeit, die hierfür erforderlich ist, direkt als Sollzeit hergeleitet wird (vgl. wikipedia.org/wiki/systeme_vorbestimmter_zeiten). Hier sind vor allem zwei Systeme zu nennen: MTM (Methods-Time Measurement) und WF (Work-Factor)

In Deutschland und Europa hat sich das MTM-System weitgehend durchgesetzt. Die Grunddaten dieses Verfahrens wurden in den Jahren um 1940 von Herold Bright Maynard, John Schwab und Gustave Stegemerten erarbeitet. In 1962 wurde die Deutsche MTM Vereinigung gegründet.

Planzeiten, die aus technisch, physikalischen Gegebenheiten abgeleitet werden

Die heutige Fertigung ist in vielfältiger Hinsicht geprägt von technischen Einrichtungen und Aggregaten, die nach physikalischen Gesetzen funktionieren. Kennzeichnend für das zeitliche Verhalten solcher Geräte sind häufig deren technischen Daten, wie z.B.:

- Maximalgeschwindigkeit
- Beschleunigung
- Vorschubgeschwindigkeit
- Zerspanleistung
- Drehzahl

Diese Daten können gemessen oder aus den technischen Datenblättern der jeweiligen Maschinen entnommen werden. Mit diesen Daten und mit Hilfe einer technischen Formelsammlung kann man dann entsprechende Planzeitformeln ableiten.

Verdichtungen die aus anderen Planzeitbausteinen zusammengesetzt werden

Wenn bereits ein Planzeitkatalog vorhanden ist, dann kann man daraus höher verdichtete Bausteine in beliebiger Art neu zusammenstellen.

7.3 Voraussetzung zur Bildung von Planzeiten

Voraussetzung für eine effiziente Bearbeitung von Zeitdaten ist die Verwendung von standardisierten Textbausteinen. Bei der Gestaltung dieser Textbausteine muss die Bildung von Planzeiten und die spätere Verwendung im Kalkulationsmodul bzw. im Arbeitsplanungssystem berücksichtigt werden. Aus diesem Grund ergeben sich folgende Anforderungen an Textbausteine:

- Textbausteine sollen den Arbeitsablauf eindeutig und nachvollziehbar beschreiben
- Die Umfänge der Bausteine sollen nicht zu groß und nicht zu klein gewählt werden

Bei Verwendung von Einflussgrößen ist zusätzlich folgendes zu beachten:
- Auswahl von möglichst signifikanten Einflussgrößen (EFG)
- gewählte EFG müssen vor Produktionsbeginn bekannt sein
- gewählte EFG müssen einfach zu ermitteln bzw. zu berechnen sein

Durch die Verwendung von standardisierten Textbausteinen wird zusätzlich erreicht, dass unterschiedliche Zeitstudienmitarbeiter bei der Vorbereitung von Zeitaufnahmen immer zu fast gleichen Ergebnissen kommen. Dazu gehört auch, dass der Arbeitsablauf immer in der gleichen Weise untergliedert wird und die zu erfassenden Einflussgrößen bei gleichen Ablaufabschnitten in Dimension, Reihenfolge und Anzahl übereinstimmen.

7.4 Allgemeines zu Planzeiten

Planzeiten werden u.a. aus REFA-Zeitaufnahmen gewonnen und bieten den Vorteil, dass die Zeiten für gleiche oder ähnliche Abläufe wieder verwendbar sind. Dadurch kann der Aufwand für Zeitaufnahmen erheblich verringert werden. Sie können insbesondere auch in der Einzel- und Kleinserienfertigung eingesetzt werden, da sich die Zeitbausteine flexibel an den jeweiligen Anwendungsfall anpassen lassen. So kann z.B. der Vorgang "Kreiselpumpe herstellen" in Abhängigkeit von der Pumpenbaugröße direkt kalkuliert werden, aber auch in kleinere Zeitabschnitte bis hinunter zu den Vorgangselementen unterteilt und kalkuliert werden. Um Planzeiten zu gewinnen, sind organisatorische Voraussetzungen erforderlich:

- Durchdenken der verschiedenen Arbeitsabläufe
- Aufstellung standardisierter Abläufe und ggf. Zuordnung geeigneter Einflussgrößen
- Codierung bzw. Klassifizierung der Ablaufabschnitte

Zur Gewinnung der formelmäßigen Zusammenhänge von Planzeiten aus Zeitaufnahmen sind die im folgenden Bild gezeigten Schritte durchzuführen:

Bezeichnung des Arbeitsschritts	Beispiel
Verwendungszweck festlegen	Vorgabezeitermittlung
Planzeitbereich abgrenzen	Drehbearbeitung
Arbeitssystem im Planzeitbereich festlegen und beschreiben	NC-Drehmaschinen, konv. Drehmaschinen
Beschreibung und Codierung der Ablaufabschnitte durch standardisierte Texte, Festlegung der Einflussgrößen und Messpunkte	Werkstück in Dreibackenfutter einspannen Messpunkt: Spannschlüssel ablegen Einflussgrößen: Durchmesser, Gewicht
Erfassungsmethode festlegen	Zeitaufnahmen
Zeiten und Einflussgrößen ermitteln und sammeln	Zeitaufnahmen
Stichprobe für den gewünschten Ablaufabschnitt entnehmen	Selektion aller Abläufe mit Standardtext: "Werkstück in Dreibackenfutter einspannen"
Ermittlung des funktionalen Zusammenhangs zwischen Einflussgröße und Zeit (Regressionsanalyse)	Zeit=A0 + A1 * Durchmesser + A2 * Gewicht
Aufbereitung der Planzeiten für die weitere Verwendung	Tabellen, Diagramme, Formelsammlungen, Standardarbeitsgänge

Die Ermittlung von Planzeitformeln war früher mit einem hohen Aufwand verbunden. Durch die Entwicklungen auf dem Gebiet der EDV wird dieser erheblich reduziert. Die Erstellung von Planzeiten liefert folgende Vorteile:

- der Aufwand für Zeitstudien kann erheblich reduziert werden
- der Zeitaufwand für Tätigkeiten kann im Voraus bestimmt werden
- für die Produktionsplanung werden verlässliche Planungsdaten geliefert
- die Kosten zur Herstellung von Produkten können frühzeitig ermittelt werden
- es gelingt standardisierte Prozessbausteine zu bilden

Zur Planzeitbildung müssen die benötigten Daten aus den Zeitaufnahmen extrahiert und zu einer Stichprobe zusammengestellt werden. Aus dieser Stichprobe wird

- mit Hilfe einer Messreihenanalyse ein Mittelwert oder
- mit Hilfe der Regressionsanalyse eine Formel gewonnen

Der so erzeugte Planzeitbaustein wird zusammen mit dem entsprechenden Standardtext gespeichert und steht in Zukunft für Kalkulationszwecke immer wieder zur Verfügung.

Besonders wichtig bei der Gewinnung von Planzeiten ist, dass zu jedem Zeitpunkt des Verfahrens die Datenherkunft abgesichert ist. Das bedeutet, dass zusätzlich zu den rein numerischen Daten wie Zeiten und Einflussgrößen, auch die Identifikationsdaten erfasst und abgespeichert werden.

7.5 Mittelwert als Planzeitbaustein

7.5.1 Ableitung des Mittelwertes

Wenn man vom „Mittelwert" redet, dann meint man gemeinhin den arithmetischen Mittelwert. Neben diesem gibt es noch den Zentralwert (auch Median) und den geometrischen Mittelwert. Fragt man jemanden nach der Bedeutung des Mittelwertes, dann bekommt man häufig folgende Antwort:

„Der Mittelwert ist die Summe der Zahlenwerte geteilt durch die Anzahl der Werte."

Dies ist jedoch keine korrekte Antwort auf die Frage, sondern lediglich das „Kochrezept", nach dem dieser Wert zu berechnen ist. Im folgenden wollen wir die Bedeutung des Mittelwertes kennen lernen.

Betrachten wir zunächst ein einfaches Experiment:
Legen Sie einen homogenen, konischen Stab auf beide Finger auf. Dabei sind die Finger etwa 80 cm auseinander. Stellen Sie nun den anwesenden Personen folgende Frage: „Was passiert, wenn ich die Finger gleichmäßig zur Mitte hin bewege, fällt der Stab herunter oder nicht?"

Ich habe dieses Experiment schon sehr oft durchgeführt und bekam in über 90% der Fälle die Antwort: „der Stab fällt herunter und zwar kippt er zur schwereren Seite."

Nun bewegen Sie die Finger wie angekündigt gleichmäßig zur Mitte. Liegt z.B. der Stab mit seiner schweren Seite auf dem rechten Finger, passiert folgendes:

Zunächst bleibt der Stab mit seiner schwereren Seite unverändert auf dem rechten Finger liegen. Gleichzeitig rutscht der Stab mit seiner leichten Seite über den linken Finger.

Rechter Finger und Stab bewegen sich also mit derselben Geschwindigkeit.

Je näher der linke Finger dem rechten Finger kommt, desto größer wird die Auflagekraft auf den linken Finger. Schließlich wird ein Zustand erreicht, bei dem die Auflagekräfte auf beiden Fingern und damit die Reibkräfte identisch sind. Von nun an rutscht der Stab über beide Finger und zwar in der Weise, dass der Gleichgewichtszustand erhalten bleibt. Beide Finger bewegen sich solange aufeinander zu, bis sie sich treffen. Der Stab liegt unterdessen immer noch auf den beiden Fingern im Gleichgewicht. Wenn Sie geschickt sind, können Sie nun einen der beiden Finger wegnehmen und den anderen eine wenig drehen. Jetzt ruht der Stab auf dem einen Finger im Gleichgewicht. Man sagt auch: „wir unterstützen den Stab in seinem Schwerpunkt".

Bild 69: Ermittlung des Schwerpunktes durch Verschieben zweier Unterstützungspunkte

Man könnte nun dieses Experiment mit geänderten Randbedingungen wiederholen, indem die Reibverhältnisse am rechten Finger verändert werden. Durch Umwickeln mit Papier wird die Reibung z.B. deutlich reduziert. Wieder stellen Sie die Frage, und wieder bekommen Sie dieselbe Antwort: „jetzt wird er doch fallen".

Nun ja, Sie wiederholen den Versuch und siehe da, nichts fällt. Wieder landen beide Finger an derselben Stelle und zwar genau im Schwerpunkt.

Sie können diesen Versuch im übrigen mit jedem länglichen Gegenstand durchführen (z.B. mit einem Besen) und erhalten immer das oben beschriebene Ergebnis.

Wenn wir jemanden auffordern, den Schwerpunkt eines länglichen Gegenstandes (Stab) herauszufinden, so wird die Person normalerweise den Stab auf einen Finger auflegen und solange verschieben, loslassen, verschieben, loslassen usw. bis dieser den Schwerpunkt erreicht hat. Man nennt dieses Verfahren auch Versuch und Irrtum (trial and error).

Kommen wir nun zu unserem Mittelwert zurück. Wir betrachten einen masselosen Stab, der eine Skala von 0 bis 110 besitzt. An den Stellen 3, 6, 7, 25 und 105 sind Massen gleicher Größe am Stab befestigt.

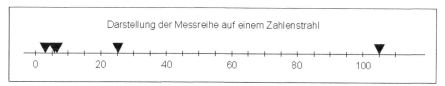

Bild 70: Masseloser Stab mit Massen an den Stellen 3, 6, 7, 25, 105

Nun wollen wir den Stab an verschiedenen Stellen unterstützen (trial and error) und dazu die Eigenschaften dieser Stellen näher untersuchen, indem wir die Abstände zwischen Unterstützungspunkt c und den Massepunkten quadrieren, wir bilden die Abstandsquadrate oder auch Fehlerquadrate. Wir unterstützen im folgenden also an den Stellen 10, 30, 50 und 100 (siehe Bild).

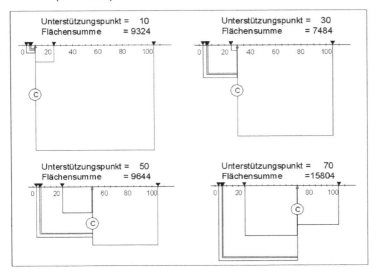

Bild 71: Bildung von Abstandsquadraten

Im Bild sehen Sie die Abstandsquadrate, gebildet aus den Abständen der Messwerte vom Unterstützungspunkt c. Wie man sieht, ist die Summe dieser Quadrate beim Unterstützungspunkt c = 30 am kleinsten (7484). Unterstützen wir links oder rechts von diesem Punkt, erhalten wir wesentlich größere Flächensummen. Synonym für Abstand werden hier auch folgende Begriffe verwendet:

Abstand = Abweichung = Fehler = Residuum = Differenz

Untersuchen wir Unterstützungspunkte in 10-er Schritten, erhalten wir folgende Tabelle;

		x1 = 3	x2 = 6	x3 = 7	x4 = 25	x5 = 105	
		$(x1 - c)^2$	$(x2 - c)^2$	$(x3 - c)^2$	$(x4 - c)^2$	$(x5 - c)^2$	$S (xi - c)^2$
c =	0	9	36	49	625	11025	11744
c =	10	49	16	9	225	9025	9324
c =	20	289	196	169	25	7225	7904
c =	30	729	576	529	25	5625	7484
c =	40	1369	1156	1089	225	4225	8064
c =	50	2209	1936	1849	625	3025	9644
c =	60	3249	2916	2809	1225	2025	12224
c =	70	4489	4096	3969	2025	1225	15804

Wieder erhalten wir bei c = 30 den kleinsten Wert (7484, siehe letzte Spalte).

Wir sehen, dass bei Werten von c < 30 die Quadratsummen immer größer werden, dasselbe gilt für die Quadratsummen von c > 30. Es muss also ein Wert c existieren, für den die Quadratsumme minimal wird. Im nebenstehenden Diagramm haben wir die Quadratsummen über c aufgetragen. Sie erkennen an der Grafik, dass das Minimum dieser Kurve bei ca. 30 liegen muss. Allerdings kann man durch diese Methode das Minimum eben nur ungefähr bestimmen. Im Folgenden wollen wir diesen Minimalwert genau berechnen.

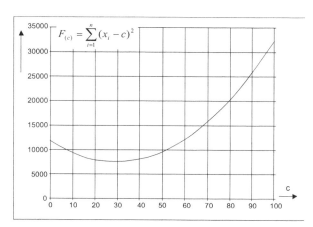

Bild 72: Fehlerquadratsummen in Abhängigkeit vom Unterstützungswert

Wir haben eine Funktion, die von c abhängt, also:

$$F_{(c)} = \sum_{i=1}^{n}(x_i - c)^2 = \sum_{i=1}^{n}(x_i^2 - 2x_ic + c^2) \overset{!}{=} Minimum$$

Minimum oder Maximum einer Funktion findet man durch Differenziation (Ableitung) und Nullsetzung:

$$F_{(c)}' = f_{(c)} = \sum_{i=1}^{n}(-2x_i + 2c\ ) = 0$$

Nach Division durch 2 folgt: $\sum\limits_{i=1}^{n}(-x_i + c) = 0$ (Summe der Abweichungen = 0

→ Schwerpunkt)

mit

$$\sum_{i=1}^{n}(-x_i) + \sum_{i=1}^{n}c = 0 \qquad \rightarrow \qquad \sum_{i=1}^{n}c = \sum_{i=1}^{n}x_i$$

und mit

$$\sum_{i=1}^{n}c = n \cdot c \qquad \rightarrow \qquad n \cdot c = \sum_{i=1}^{n}x_i$$

Für den Wert c ergibt sich die Formel für den Mittelwert zu: $c = \dfrac{1}{n} \cdot \sum\limits_{i=1}^{n}x_i \overset{def}{=} \overline{x}$

Der arithmetische Mittelwert ist also der Schwerpunkt der Messreihe.

7.5.2 Varianz, Standardabweichung und Variationszahl

Streumaße, wie z.B. Varianz oder Standardabweichung, kennzeichnen die Streuung der Stichprobenwerte. Sie beschreiben die Größe der Abweichung von einem Lagemaß (meist Mittelwert).

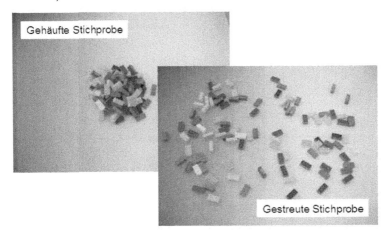

Gehäufte Stichprobe

Gestreute Stichprobe

Bild 73: Beispiele für Häufungen und Streuungen

Die Varianz ist die Summe aller Abstandsquadrate von einem Lagemaß c dividiert durch die Anzahl der Stichprobenwerte n.

$$s^2 = \frac{1}{n} \cdot \sum_{i=1}^{n}(x_i - c)^2$$

Man wählt hier als Lagemaß den Mittelwert, weil dieser nachweislich zum Minimalwert der Varianz führt . Die Varianz bezogen auf den Mittelwert wird wie folgt berechnet:

$$s^2 = \frac{1}{n-1} \cdot \sum_{i=1}^{n} (x_i - \bar{x})^2$$

Wie man sieht, wird beim Mittelwert als Bezugslagemaß durch n-1 dividiert. Dies liegt daran, dass beim arithmetischen Mittelwert, die n Abweichungen nicht voneinander unabhängig sind. Dies ergibt sich daraus, dass sich aus n-1 bekannten Messwerten und dem Mittelwert der n-te Messwert berechnen lässt. n-1 ist also gewissermaßen der Freiheitsgrad.

Die Varianz ist die mittlere quadratische Abweichung der Messwerte vom Mittelwert. Sie hat den Nachteil, dass sie sich wert- und dimensionsmäßig stark vom Mittelwert unterscheidet. Aus diesem Grund bildet man die Standardabweichung als Quadratwurzel aus der Varianz:

$$s = \sqrt{s^2}$$

Diese hat die gleiche Dimension wie die Stichprobenelemente und der Mittelwert und ist ein anschauliches Maß für die durchschnittliche Abweichung der Messwerte vom Mittelwert.

Wird die Standardabweichung auf den Mittelwert bezogen, so erhält man als geeignetes Verhältnismaß die Variationszahl oder den Variationskoeffizienten. Diese wichtige Kennzahl ist wie folgt definiert::

$$\nu = \frac{s}{\bar{x}}$$

Die Variationszahl ist in hervorragender Weise geeignet, die Qualität einer Messstichprobe zu beurteilen. Sie ist ein Maß für die relative durchschnittliche Abweichung vom Mittelwert.

Varianz, Standardabweichung und Variationszahl sind bei REFA-Zeitaufnahmen für die Beurteilung der Streuung von Zeitwerten um den Mittelwert herum und damit für die Bewertung der Vorgabezeit von zentraler Bedeutung. Die Variationszahl sollte Werte von ca. 25% nur in Ausnahmefällen überschreiten.

7.5.3 Vertrauensbereich des arithmetischen Mittelwertes

Im Rahmen der Multimomentstudie haben wir den Begriff der Grundgesamtheit bereits kennen gelernt (vgl. Abschnitt 6.5.3.1). Auch bei den quantitativen Messstichproben taucht dieser Begriff wieder auf. Es handelt sich hierbei um die Menge aller Messwerte (Bild).

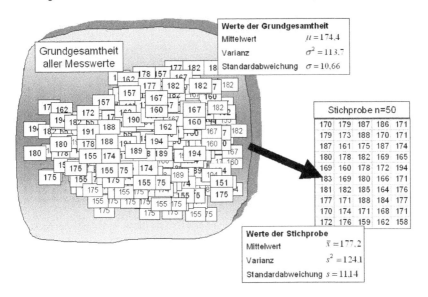

Bild 74: Grundgesamtheit und Stichprobe

Aus der Darstellung der Grundgesamtheit geht hervor, dass zur Berechnung eines Mittelwertes in der Regel nicht alle Daten herangezogen werden können, sondern lediglich eine Untermenge (Messstichprobe); die wahre Größe der Grundgesamtheit bleibt dagegen unbekannt. Man sagt auch, der Mittelwert der Stichprobe soll eine möglichst gute Schätzung des wahren Mittelwertes der Grundgesamtheit sein.

Außerdem ist in vielen Fällen die Grundgesamtheit unendlich bzw. überabzählbar unendlich groß. Das bedeutet, dass wir niemals die wahren Größen für Mittelwert, Varianz, Standardabweichung oder Variationszahl ermitteln können, sondern lediglich die Werte unserer beschränkten Messstichprobe. Um nun zumindest mit einer gewissen Aussagewahrscheinlichkeit Annahmen über die wahren Werte machen zu können, wird der Vertrauensbereich bestimmt, der beim arithmetischen Mittelwert wie folgt definiert werden kann:

Vertrauensbereich = statistische Genauigkeit = Konfidenzintervall
Der Vertrauensbereich ist ein Bereich um den arithmetischen Mittelwert herum, für den mit einer gewissen Wahrscheinlichkeit $(1 - \alpha)$ gesagt werden kann, dass der wahre Mittelwert der unbekannten Grundgesamtheit innerhalb dieses Bereiches liegt.

Umgekehrt heißt dies natürlich, dass der wahre Mittelwert der Grundgesamtheit mit einer gewissen Wahrscheinlichkeit α außerhalb dieses Bereiches liegt.

In der betrieblichen Praxis wird eine Aussagewahrscheinlichkeit von $(1 - \alpha) = 0{,}95 = 95\%$ verwendet. Das heißt in 95% aller Fälle soll der wahre Mittelwert der unbekannten Grundgesamtheit innerhalb der Vertrauensbereichsgrenzen liegen und nur in $\alpha = 5\%$ der Fälle außerhalb. Der halbe Vertrauensbereich wird nach folgender Formel berechnet:

$$\frac{VB}{2} = \pm t_{(1-\alpha/2,\,n-1)} \cdot \frac{s}{\sqrt{n}}$$

$t_{(1-\alpha/2,\,n-1)}$: zweiseitiger oberer Schwellenwert der t-Verteilung

s : Standardabweichung

n : Anz. Messungen

$\alpha/2 = 0{.}025 = 2{.}5\%$: $\dfrac{(1 - \text{Aussagewahrscheinlichkeit})}{2}$

In der folgenden Tabelle liegt der Schwellenwert der t-Verteilung von 10 Messpunkten bei 2,2262 und bei einer höheren Messpunktzahl nur unwesentlich darunter. Bei 100 Messpunkten liegt der Wert etwa bei 1,984 und bei unendlich vielen MP bei dem Grenzwert von 1,96. Da sich die Standardabweichung s bei zunehmender Messpunktzahl wenig ändert, kann durch Erhöhung der Messpunktzahl der Vertrauensbereich VB beliebig klein werden.

n-1	t-Wert	n-1	t-Wert	n-1	t-Wert	n-1	t-Wert
		11	2,201	21	2,080	40	2,021
		12	2,179	22	2,074	50	2,009
		13	2,160	23	2,069	60	2,000
		14	2,145	24	2,064	80	1,990
5	2,571	15	2,131	25	2,060	100	1,984
6	2,447	16	2,120	26	2,056	200	1,972
7	2,365	17	2,110	27	2,052	500	1,965
8	2,306	18	2,101	28	2,048	800	1,963
9	2,262	19	2,093	29	2,045	1000	1,962
10	2,228	20	2,086	30	2,042	unendlich	1,960

Bild 75: Tabelle der kritischen Werte der T-Verteilung $(1 - \alpha) = 95\%$

Epsilon ε

Beziehen wir den Absolutwert des halben Vertrauensbereichs auf den Mittelwert, so erhalten wir den relativen halben Vertrauensbereich ε.

$$\varepsilon = \frac{\dfrac{VB}{2}}{\overline{x}} \cdot 100\,\% = \frac{t_{(1-\alpha/2,\,n-1)} \cdot \dfrac{s}{\sqrt{n}}}{\overline{x}} \cdot 100\,\%$$

Geforderter Vertrauensbereich

Bei den quantitativen Daten wird häufig ein bestimmter Vertrauensbereich gefordert. Konnte dieser Wert noch nicht erreicht werden, ist es notwendig, weitere Stichprobenwerte zu erheben. Auch hier stellt sich die Frage, wie groß die Stichprobe sein muss, damit der geforderte Vertrauensbereich erreicht wird. Hierzu stellt man die Formel für die Berechnung von
Epsilon nach n um. Es ergibt sich Folgendes:

$$\sqrt{n'} = \frac{t \cdot s}{\varepsilon' \cdot \overline{x}} \implies n' = \left(\frac{t \cdot s}{\varepsilon' \cdot \overline{x}} \right)^2$$

mit n': erforderlicher Stichprobenumfang
und ε': geforderter relativer halber Vertrauensbereich

Da nun t vom noch unbekannten endgültigen Stichprobenumfang n abhängt, kann n' nur
mit einem abgeschätzten t berechnet werden. Als ersten Schätzwert für t kann man z.B.
das t für das aktuelle n verwenden. Im zweiten Schritt kann man das t für die sich aus dem
ersten Schritt ergebende Messpunktzahl n' nehmen und die Berechnung erneut durchführen. Wir wollen dies anhand eines Beispiels näher erläutern.

Beispiel: Geforderter Vertrauensbereich (VB)

Gegeben sei folgende Stichprobe:

I	1	2	3	4	5	6	7	8	9	10
x_i	88	133	105	101	92	95	100	90	100	125

Wir erhalten folgende Kenngrößen:

$\overline{x}$ = 102,9   VB/2 = 10,639

s = 14,866 ε = 10,340%

Da ein relativer halber VB von $\varepsilon'= 0,03 = 3\%$ gefordert wird, sind noch weitere Messwerte
zu erfassen. In einem ersten Berechnungsschritt mit $t_{(n=10)} = 2,262$ berechnen wir n' wie
folgt:

$$n_1' = \left(\frac{t_{(n=10)} \cdot s}{\varepsilon' \cdot \overline{x}} \right)^2 = \left(\frac{2,262 \cdot 14,866}{0,03 \cdot 102,9} \right)^2 = 118,66$$

Wir sehen, dass mit ca. 120 Messpunkten zu rechnen ist. Im Folgeschritt lässt sich n' besser annähern, wenn wir $t_{(n=120)} = 1,98$ verwenden. Wir erhalten:

$$n_2' = \left(\frac{t_{(n=120)} \cdot s}{\varepsilon' \cdot \overline{x}} \right)^2 = \left(\frac{1,98 \cdot 14,866}{0,03 \cdot 102,9} \right)^2 = 90,92$$

Nun ist also mit einer Messpunktzahl von ca. 90 zu rechnen.

Kritische Interpretation von Vertrauensbereich und Epsilon

Bei Zeitmessungen wird für die Zulässigkeit von Daten für bestimmte Zwecke, z.B. für Zeit-
vorgaben als Leistungsmaß für die Entlohnung, ein Mindestwert für Epsilon gefordert. Wird
dieser Wert erreicht, so wird angenommen, dass der zugehörige Mittelwert den genannten

Anforderungen genügt. Diese vereinfachte Vorgehensweise birgt leider die Gefahr, dass auch unzulängliche Mittelwerte für die Vorgabe von Bearbeitungszeiten vorgegeben werden. Wir wollen dies anhand eines einfachen Beispiels näher erläutern.

Für eine bestimmte Tätigkeit wurden folgende Zeiten ermittelt:

i	1	2	3	4	5	6	7	8	9	10
x_i	47	38	33	34	35	72	92	12	38	76

Wir erhalten folgende Kenngrößen:

n	=	10	v	=	51,267%
$\bar{x}$	=	47,7	VB/2	=	17,502
s	=	24,454	ε	=	36,692%

Man erkennt sofort eine starke Streuung der Messwerte. Die Variationszahl v besagt, dass im Mittel eine Streuung von ca. 50% um den Mittelwert herum vorliegt.

Aufgrund der Anzahl der Messwerte und der vorhandenen Streuung wird ein ε von ca. 37% berechnet. Da ein ε' von 7% für die Verwendung des Mittelwertes gefordert wird, kann dieser Wert nicht verwendet werden.

Nachdem der Versuch scheiterte, durch arbeitsgestalterische Maßnahmen die starke Streuung zu verringern, wird vorgeschlagen, dies durch die Erhöhung des Stichprobenumfangs zu erreichen. Es wird also beschlossen weitere 50 Messungen durchzuführen. Das Ergebnis dieser Messungen ist Folgendes:

n	=	60	v	=	47,069%
$\bar{x}$	=	57,45	VB/2	=	6,987
s	=	27,041	ε	=	12,162%

Anstatt eine Verringerung der Streuung zu erreichen, erhöhte sich diese unwesentlich von 24,454 auf 27,041. Lediglich die relative Streuung verminderte sich geringfügig, weil der neue Mittelwert angestiegen ist. Man kann also durch die Erhöhung der Stichprobenzahl die Streuung nicht verringern. Im 2. Fall wird ein erforderlicher Stichprobenumfang von 177 Messwerten angegeben um ein ε' von 7% zu erreichen. Nach weiteren 120 Messungen erhalten wir folgendes Ergebnis:

n	=	180	v	=	47,428%
$\bar{x}$	=	55,333	VB/2	=	3,861
s	=	26,244	ε	=	6,977%

Mittelwert und Streuung bleiben wie erwartet nahezu unverändert, während sich der relative halbe Vertrauensbereich mit zunehmender Messpunktzahl auf unter 7% verringert.

An dieser Stelle muss man die Frage stellen: Ist der ermittelte Mittelwert als Vorgabezeit tatsächlich geeignet?

Angenommen, die je Auftrag anfallende Stückzahl liegt etwa zwischen 10 und 20 Teilen, so kann es vorkommen, dass die benötigte mittlere Stückzeit je Auftrag stark von dem vorgegebenen Mittelwert (55 HM) abweicht. Es wurden z.B. folgende Aufträge abgearbeitet:

Auftrag	1	2	3	4	5	6	7	8	9	10
Stückzahl n	13	18	15	11	14	16	13	11	16	10
$\bar{x}_n$	47	61	58	50	42	63	42	64	48	54
Diff.	-8	6	3	-5	-13	8	-13	9	-7	-1
Diff. %	-15%	11%	5%	-10%	-24%	15%	-24%	16%	-13	-2%

Wie man sieht, treten je Einzelauftrag teilweise erhebliche Abweichungen vom Vorgabewert auf. Erst ab einer Auftragsstückzahl von ca. 180 kann dies vermieden werden.

Je nach Anwendungsfall kann also der erreichte ε-Wert allein nicht ausreichend über die Verwendbarkeit eines Mittelwertes informieren. Als weitere wichtige Kriterien sollten folgende Kennzahlen immer berücksichtigt werden:

- Variationszahl ν, als Maß für die relative Streuung
- Stichprobenumfang n, der benötigt wurde um das geforderte ε zu erreichen.

Fazit: Wurde ein geforderter ε'-Wert nur aufgrund einer extrem hohen Messpunktzahl erreicht, so ist die zugehörige Streuung relativ groß. Aus diesem Grund kann der Mittelwert nur eingeschränkt oder gar nicht verwendet werden.

7.6 Regressionsformel als Planzeitbaustein

Mit Hilfe der Regressionsanalyse wird der funktionale Zusammenhang zwischen einer quantitativen Zielgröße y und einer oder mehrerer quantitativer Einflussgrößen formelmäßig beschrieben. Die Qualität der Anpassung der Funktion an die Messwerte wird durch Kennzahlen, Grafiken und Gegenüberstellungen bewertet / 4 /.

In Abschnitt 7.5 haben wir den Mittelwert als Schwerpunkt einer eindimensionalen Häufigkeitsverteilung kennen gelernt. Die Beschreibung eines Merkmals reicht jedoch bei der Untersuchung von Ursache-Wirkungs-Zusammenhängen nicht aus. Sollen z.B. Abhängigkeiten zwischen mehreren Merkmalsausprägungen ermittelt werden, so bedient man sich der Regressionsrechnung. Je nach Anzahl der Einflussgrößen und der Art der funktionalen Beziehung, lassen sich die im Bild dargestellten Fälle unterscheiden:

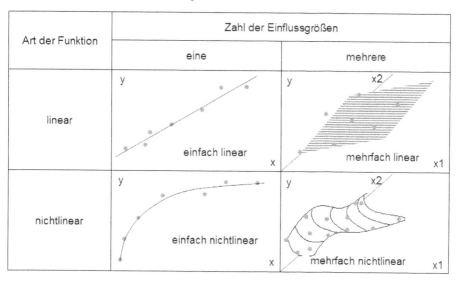

Bild 76: Teilgebiete der Regressionsrechnung

Dabei sind die einfache und mehrfache lineare und die einfache nichtlineare Regression lediglich Unterfälle der mehrfachen nichtlinearen Regression. Die nichtlineare Regression unterscheidet sich von der linearen Regression dadurch, dass die Messwerte der Einflussgrößen mittels mathematischer Funktionen transformiert und damit linearisiert werden. Nach der Transformation der Messwerte wird die lineare Regression durchgeführt. Nach REFA / 2 / wird die Regressionsanalyse im Rahmen der Datenverwendung zur Bildung von Planzeiten verwendet. Das folgende Bild zeigt die Vorgehensweise bei der Durchführung einer Regressionsanalyse.

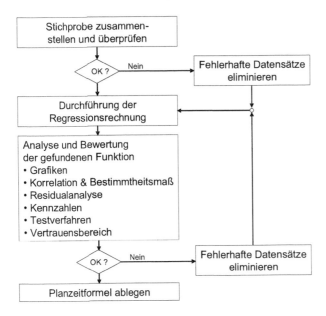

Bild 77: Ablauf der Regressionsrechnung

7.6.1 Einflussgrößen

Einflussgrößen (EFG) sind Werte, die bei ihrer Veränderung eine Größenänderung einer Messgröße hervorrufen. Somit sind EFG die Verursacher der Streuung einer Messgröße, auch Zielgröße genannt. Man kann auch sagen, dass jede Streuung einer Mess- oder Zielgröße durch eine oder mehrere EFG hervorgerufen wird. EFG lassen sich nach folgenden verschiedenen Kriterien unterteilen: Art, Zufälligkeit, Bekanntheit, Änderbarkeit.

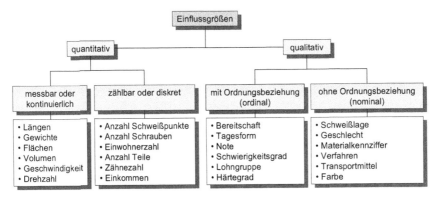

Bild 78: Unterteilung der EFG nach der Art

Es handelt sich um dieselbe Einteilung, wie bei den Merkmalsausprägungen (2.1).

Die von zufällig auftretenden und somit nicht planbaren EFG verursachten Streuungen müssen hingenommen werden.

Bild 79: Unterteilung der EFG nach Zufälligkeit

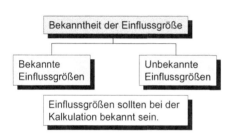

Es ist nutzlos, EFG zu erfassen, die zum Zeitpunkt der Verwendung der Regressionsformel nicht bekannt sind. Deshalb muss immer der Kenntnisstand des Planers, der die Formel verwenden will, berücksichtigt werden.

Bild 80: Unterteilung EFG nach Bekanntheit

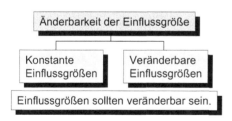

Es ist natürlich ebenfalls sinnlos, EFG zu erfassen, die sich nie ändern.

Wenn überhaupt keine veränderlichen EFG vorliegen, dann gibt es auch keinerlei Streuung mehr. Alle Messungen sind im Rahmen der Fehlertoleranzen identisch groß. Treten dennoch Streuungen auf, dann können diese durch folgende EFG hervorgerufen werden:

Bild 81: Unterteilung EFG nach Änderbarkeit

- Veränderung der Arbeitsleistung
- kleine bis kleinste Störungen im Arbeitsablauf
- unmerkliches Verändern der Arbeitsmethode

Die „Veränderung der Arbeitsleistung" kann durch die Vergabe von Leistungsgraden kompensiert werden (vgl. Abschnitt 4). Da dies – wie beschrieben – nicht vollständig möglich ist, ergeben sich trotzdem entsprechende Streuungen. Bei den anderen beiden EFG ist es häufig nicht möglich, die Ursachen zu beseitigen. Sofern diese Reststreuungen in einem vertretbaren Rahmen liegen (vgl. Abschnitt 7.5.3), werden diese hingenommen.

7.6.2 Lineare Regression mit einer Einflussgröße

Wir behandeln zunächst diesen einfachsten Fall der Regressionsrechnung. Im wesentlichen ist die Vorgehensweise genau dieselbe wie beim Mittelwert ist.

Zur Erinnerung:

Beim Mittelwert haben wir einen Unterstützungspunkt c solange verschoben, bis die Abstandsquadrate ein Minimum aufwiesen (vgl. Abschnitt 7.5.1). Wir haben nachgewiesen, dass dieser Punkt der Mittelwert und damit der Schwerpunkt der Messreihe ist.

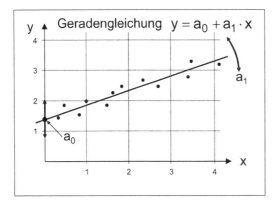

Bild 82: Verschieben und Drehen einer Geraden

In ähnlicher Weise gehen wir bei der linearen Regression vor, nur dass wir nicht einen Punkt verschieben, sondern eine Gerade. Wir können uns das wie folgt vorstellen:

Wir zeichnen die Punkte in ein Koordinatensystem ein und nehmen ein Lineal zur Hand. Das Lineal legen wir nun so auf das Koordinatensystem, dass die linke Seite des Lineals die y-Achse im Punkt a_0 schneidet (siehe Bild). Wenn wir nun das Lineal parallel verschieben, dann verändern wir den Wert von a_0 während der Wert für die Steigung a_1 gleich bleibt. Halten wir jedoch den Punkt a_0 fest und drehen das Lineal um a_0, so verändern wir nur die Steigung. Also durch Parallelverschiebung und durch Schwenken können wir jeden beliebigen Wert von a_0 und a_1 erreichen und somit jede mögliche Geradengleichung erzeugen.

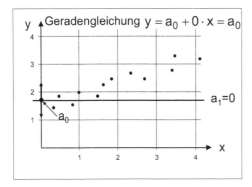

Bild 83: Verschieben einer waagerechten Gerade

Diese hat die Form: $y = a_0 + a_1 \cdot x$

Wir können nun den Fall der Mittelwertbildung simulieren, indem wir das Lineal so hinlegen, dass gilt: $a_1 = 0$ (also Steigung = 0)

Hierzu müssen wir lediglich das Lineal waagerecht ausrichten (siehe Bild). Wenn wir nun das Lineal parallel so verschieben, dass die Summe der Abstandsquadrate zur Geraden am kleinsten ist, dann gilt: a_0 = Mittelwert.

Dieses Minimum der Abstandsquadrate ist jedoch nicht das kleinste, welches man mit einer Geraden erreichen kann. Durch Verschieben (a_0) und drehen (a_1) erreichen wir wesentlich kleinere Abstandsquadratsummen.

Hierzu ein einfaches Beispiel. Es wurden folgende 5 Wertepaare gemessen:

i	1	2	3	4	5
x_i	0	1	2	3	4
y_i	3	2	1	1	2

Mit Hilfe eines Lineals legen wir eine Gerade durch diese Messpunkte und ziehen von jedem Messpunkt aus eine senkrechte Linie, die die Gerade schneidet. Mit diesen Abweichungen bilden wir die Abstandsquadrate.

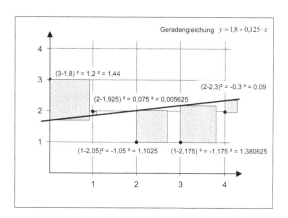

Bild 84: Fehlerquadrate der Geradengleichung

Für unser Beispiel erhalten wir folgende Fehlerquadratsumme:

$$A_F = 1,44 + 0,005625 + 1,1025 + 1,380625 + 0,09 = 4,012$$

Wir können nun beliebige weitere Geraden in dieses Diagramm einzeichnen, die sich durch y-Achsenabschnitt a_0 und Steigung a_1 unterscheiden. Jede dieser Geraden wird eine andere Fehlerquadratsumme aufweisen. Die optimale Gerade mit der besten Anpassung ist diejenige, deren Fehlerquadratsumme am kleinsten ist.

a_0 \\ a_1	-0,7	-0,5	-0,3	-0,1	0,1	0,3
1,8	13,30	7,30	3,70	2,50	3,70	7,30
1,9	11,95	6,35	3,15	2,35	3,95	7,95
2,0	10,70	5,50	2,70	2,30	4,30	8,70
2,1	9,55	4,75	2,35	2,35	4,75	9,55
2,2	8,50	4,10	2,10	2,50	5,30	10,50
2,3	7,55	3,55	1,95	2,75	5,95	11,55
2,4	6,70	3,10	1,90	3,10	6,70	12,70
2,5	5,95	2,75	1,95	3,55	7,55	13,95
2,6	5,30	2,50	2,10	4,10	8,50	15,30
2,7	4,75	2,35	2,35	4,75	9,55	16,75
2,8	4,30	2,30	2,70	5,50	10,70	18,30
2,9	3,95	2,35	3,15	6,35	11,95	19,95
3,0	3,70	2,50	3,70	7,30	13,30	21,70

Links in der Tabelle haben wir für verschiedene Kombinationen von a_0 und a_1 die Fehlerquadratsummen dargestellt.

Wir sehen, dass bei der Geraden $a_0 = 2,4$ und $a_1 = -0,3$ die bisher kleinste Fehlerquadratsumme von 1,90 auftritt. Wir können natürlich nicht sicher sein, dass dies die optimale Gerade ist, jedoch ist anzunehmen, dass diese Lösung dem Optimum sehr nahe kommt.

Bild 85: Verschiedene Fehlerquadratsummen

Um die Abhängigkeit der Flächensummen von a_0 und a_1 besser zu veranschaulichen, tragen wir die Werte in ein dreidimensionales Diagramm ein.

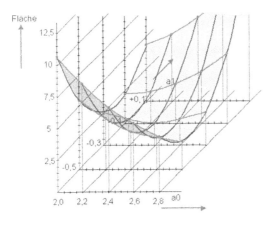

Bild 86: Abhängigkeit der Flächensummen von a_0 und $a1$

Wir erhalten eine ähnliche Darstellung wie bei der Mittelwertbildung. Wenn wir genau feststellen wollen, welche Gerade die kleinsten Fehlerquadrate aufweist, müssen wir folgende Rechenschritte durchführen:

Wir suchen eine Geradengleichung der Form

$$P_{(x)} = a_0 + a_1 \cdot x$$

für die gefordert wird, dass die Summe der Quadrate der Messwertabweichungen minimal ist:

$$\sum_{i=1}^{n} \left(P_{(x_i)} - y_i \right)^2 = \text{Minimum}$$

In unserem Beispiel ist n = 5; ausgeschrieben ergibt sich Folgendes:

$$\left(P_{(x_1)} - y_1 \right)^2 + \left(P_{(x_2)} - y_2 \right)^2 + \left(P_{(x_3)} - y_3 \right)^2 + \left(P_{(x_4)} - y_4 \right)^2 + \left(P_{(x_5)} - y_5 \right)^2 = \text{Minimum}$$

Man kann auch schreiben:

$$(a_0 + a_1 x_1 - y_1)^2 + (a_0 + a_1 x_2 - y_2)^2 + (a_0 + a_1 x_3 - y_3)^2 + (a_0 + a_1 x_4 - y_4)^2 + (a_0 + a_1 x_5 - y_5)^2 = \text{Min.}$$

Ebenso wie bei der Ermittlung des arithmetischen Mittelwertes erhalten wir eine Funktion, die von a_0 und a_1 abhängt und deren Minimum gesucht wird.

$$F_{(a_0, a_1)} = \sum_{i=1}^{n} (a_0 + a_1 x_i - y_i)^2$$

Einziger Unterschied ist, dass diese Funktion von zwei Variablen abhängt, nämlich von a_0 und a_1. Man muss hier also die Ableitung in zwei Ebenen durchführen, wobei die Steigung der gesuchten Ebene in beiden Richtungen zu Null werden muss. Dieses Problem wird durch partielle Differentiation gelöst. Die Ableitung der gegebenen Funktion liefert das System der sogenannten Normalengleichungen, ein Gleichungssystem von zwei Gleichungen mit zwei Unbekannten:

$$\sum_{i=1}^{n} (a_0 + a_1 x_i) = \sum_{i=1}^{n} \hat{y}_i \qquad \sum_{i=1}^{n} (a_0 x_i + a_1 x_i^2) = \sum_{i=1}^{n} \hat{y}_i x_i$$

Diese Gleichungen lassen sich sehr leicht mit Hilfe eines Rechenschemas lösen:

i	1	x_i	x_i^2	y_i	$y_i x_i$
1	1	0	0	3	0
2	1	1	1	2	2
3	1	2	4	1	2
4	1	3	9	1	3
5	1	4	16	2	8
Σ	5	10	30	9	15

Bild 87: Schema zur Berechnung der Regressionsgeraden

Wir setzen nun die Summen in die Gleichungen ein:

$$
\begin{aligned}
5 \cdot a_0 &+ 10 \cdot a_1 &=&\quad 9 \\
10 \cdot a_0 &+ 30 \cdot a_1 &=&\quad 15
\end{aligned}
$$

Wir multiplizieren die obere Gleichung mit −2 und addieren beide Gleichungen:

$$
\begin{aligned}
-10 \cdot a_0 &- 20 \cdot a_1 &=&\quad -18 \\
10 \cdot a_0 &+ 30 \cdot a_1 &=&\quad 15 \\
\hline
0 \cdot a_0 &+ 10 \cdot a_1 &=&\quad -3 \\
& \Rightarrow \quad a_1 &=&\quad -\frac{3}{10}
\end{aligned}
$$

Um a_0 zu berechnen, setzen wir nun a_1 in die erste Gleichung ein und erhalten so:

$$5 \cdot a_0 + 10 \cdot \left(-\tfrac{3}{10}\right) = 9 \Rightarrow 5 \cdot a_0 - 3 = 9$$

$$\Rightarrow 5 \cdot a_0 = 12 \Rightarrow a_0 = \frac{12}{5}$$

Als Ergebnis erhalten wir die optimale Ausgleichsgerade:

$$f_{(x)} = \frac{12}{5} - \frac{3}{10} \cdot x = 2{,}4 - 0{,}3 \cdot x$$

7.6.3 Korrelation und Bestimmtheitsmaß

Die Korrelation gibt Auskunft über die Stärke der Abhängigkeit zwischen zwei Messgrößen, in unserem Beispiel den Werten x und y. Die Korrelation kann maximal den Wert 1 annehmen. Ist dies der Fall, dann liegen alle Werte exakt auf der gefundenen Funktion, deren Steigung in diesem Fall positiv ist. Der kleinste mögliche Wert der Korrelation ist −1. Ist dies der Fall, dann liegen alle Werte exakt auf der gefundenen Funktion, deren Steigung in diesem Fall negativ ist. Für alle anderen Werte der Korrelation r gilt: $-1 < r < 1$.

Allgemein gilt: für $r < 0$ $\rightarrow$ Steigung < 0

für $r > 0$ $\rightarrow$ Steigung > 0

für $r = 0$ $\rightarrow$ Steigung $= 0$

Je näher der Wert der Korrelation bei Null liegt, desto weniger liegt ein Zusammenhang zwischen den Messreihen vor. Die Formel zur Berechnung der Korrelation lautet wie folgt:

$$r_{XY} = \frac{s_{XY}}{s_X \cdot s_Y} = \frac{\sum_{i=1}^{n}(x_i - \bar{x}) \cdot (y_i - \bar{y})}{\sqrt{\sum_{i=1}^{n}(x_i - \bar{x})^2} \cdot \sqrt{\sum_{i=1}^{n}(y_i - \bar{y})^2}}$$

Für die Ableitung der Funktion möchten wir hier auf die Literatur verweisen / 4 /.

Auch das Bestimmtheitsmaß ist ein Maß für die Güte der Anpassung der Regressionsfunktion an die Messwerte / 4 /. Es berechnet sich wie folgt:

$$B = \frac{s_{\varnothing}^2 - s_{REG}^2}{s_{\varnothing}^2} \quad \text{mit} \quad \begin{array}{l} s_{\varnothing}^2 \quad \text{Varianz der Abweichungen vom Mittelwert} \\ s_{REG}^2 \quad \text{Varianz der Abweichungen von der Regression} \end{array}$$

Somit ist das Bestimmtheitsmaß ein Maß für die Verbesserung der Varianz, die man durch den Einsatz der Regressionsrechnung im Vergleich zur einfachen Mittelwertrechnung erreicht.

Zwischen Bestimmtheitsmaß und Korrelation besteht folgender mathematischer Zusammenhang: $B = r^2$

Interpretation des Bestimmtheitsmaßes / 4 /

Wird durch die Regressionsrechnung erreicht, dass alle Rechenwerte exakt mit den Messwerten übereinstimmen, dann werden alle Abstandsquadrate zu Null.

Es gilt: $\qquad s_{REG}^2 = 0$

Setzt man dieses Ergebnis in die Berechnungsformel für das Bestimmtheitsmaß ein, so erhält man:

$$B = \frac{s_\varnothing^2 - 0}{s_\varnothing^2} = \frac{s_\varnothing^2}{s_\varnothing^2} = 1$$

Wird durch die Regressionsrechnung jedoch keinerlei Verbesserung erreicht, dann ist die Reststreuung genau so groß wie die Ursprungsstreuung.

Es gilt: $\qquad s_{REG}^2 = s_\varnothing^2$

Setzt man dieses Ergebnis in die Berechnungsformel ein, so erhält man:

$$B = \frac{s_\varnothing^2 - s_\varnothing^2}{s_\varnothing^2} = \frac{0}{s_\varnothing^2} = 0$$

Da jedes $B > 0$ eine Verbesserung gegenüber dem Mittelwert darstellt, kann man sagen, dass es keine festgelegte Untergrenze von B für die Verwendung der Formel gibt.

Das Unbestimmtheitsmaß

Dieses Maß ist wie folgt definiert: $U = 1 - B$ $\qquad$ Es handelt sich um ein Maß für die quadratische Reststreuung nach Durchführung einer Regressionsrechnung.

7.6.4 Nichtlineare Regression mit einer Einflussgröße

Die Durchführung der nichtlinearen Regression soll anhand eines einfachen Beispiels verdeutlicht werden. Wie oben bereits erwähnt, unterscheidet sich die nichtlineare Regression von der linearen Regression dadurch, dass die Messwerte der Einflussgrößen mittels mathematischer Funktionen transformiert und damit linearisiert werden. Nach der Transformation der Messwerte wird dann die lineare Regression durchgeführt.

Die Wahl der mathematischen Funktionen entscheidet dabei über die Güte der Annäherung. Deshalb ist es sinnvoll, mehrere Funktionen auszuprobieren, um so ein optimales Ergebnis zu erzielen. Hier wollen wir uns auf folgende drei Transformationen beschränken:

x $\qquad$ $\rightarrow$ linear
x^2 $\qquad$ $\rightarrow$ quadratisch
x^3 $\qquad$ $\rightarrow$ kubisch

Das Ausgangsdatenmaterial soll in folgender Form vorliegen:

y	x
2,00	1,00
2,73	1,20
3,74	1,40
5,10	1,60
6,83	1,80
9,00	2,00
11,65	2,20
14,82	2,40
18,58	2,60
22,95	2,80
28,00	3,00

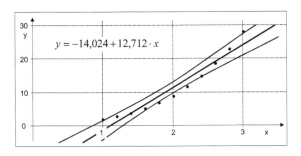

$$y = -14,024 + 12,712 \cdot x$$

Bild 88: Annäherung durch lineare Regression

Es wird zunächst die lineare Regression durchgeführt und ein Bestimmtheitsmaß von 93,45 % erreicht. Wir sehen, dass eine Geradengleichung die Krümmung der Funktion nicht optimal anpassen kann. Bei der Annäherung durch eine Quadratfunktion (x^2) werden die x-Werte des Ausgangsdatenmaterials quadriert und damit eine lineare Regression durchgeführt::

y	x	x^2
2,00	1,00	1,00
2,73	1,20	1,44
3,74	1,40	1,96
5,10	1,60	2,56
6,83	1,80	3,24
9,00	2,00	4,00
11,65	2,20	4,84
14,82	2,40	5,76
18,58	2,60	6,76
22,95	2,80	7,84
28,00	3,00	9,00

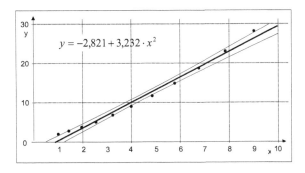

$$y = -2,821 + 3,232 \cdot x^2$$

Bild 89: Annäherung durch quadratische Transformation

Man erkennt, dass sich die Krümmung der Funktion abschwächt. Somit erreicht man eine bessere Anpassung durch die lineare Regression. Es tritt der Effekt auf, dass alle x-Werte, die größer als 1 sind, vergrößert werden. Dieser Effekt verstärkt sich mit zunehmender Größe des Ursprungswertes. Das Bestimmtheitsmaß verbessert sich auf 98,54%.

Wenn wir die Ursprungswerte mit drei potenzieren, erhalten wir Folgendes:

y	x	x²	x³
2,00	1,00	1,00	1,00
2,73	1,20	1,44	1,73
3,74	1,40	1,96	2,74
5,10	1,60	2,56	4,10
6,83	1,80	3,24	5,83
9,00	2,00	4,00	8,00
11,65	2,20	4,84	10,65
14,82	2,40	5,76	13,82
18,58	2,60	6,76	17,58
22,95	2,80	7,84	21,95
28,00	3,00	9,00	27,00

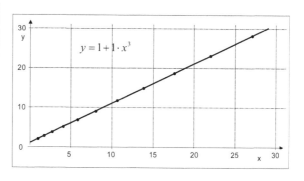

Bild 90: Annäherung durch kubische Transformation

Es gelingt, die transformierten Werte mit Hilfe der linearen Regression exakt zu treffen. Das Bestimmtheitsmaß verbessert sich auf 100 %.

Nichtlineare Regression beinhaltet also das Behandeln der x-Werte des Ausgangsdatenma-terials mit einer mathematischen Funktion (Transformation) und die Durchführung einer li-nearen Regression mit den entsprechend transformierten Werten.

Die folgende Darstellung zeigt den Zusammenhang noch einmal in komprimierter Form:

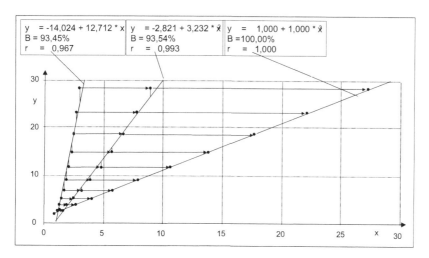

Bild 91: Verbesserung der Annäherung durch nichtlineare Regression

7.6.5 Nichtlineare Regression mit mehreren Einflussgrößen

Da dieser Fall mit erheblichem Rechenaufwand verbunden ist, lässt sich die Planzeitformel nicht mehr von Hand oder mit einfachen Tabellenkalkulationsprogrammen berechnen. Hier ist der Einsatz geeigneter EDV-Programme (z.B. REGRESSA / PLAZET) anzuraten.

y	x_1	x_2
0,400	1	1
0,700	2	1
1,200	3	1
1,900	4	1
1,093	1	2
1,393	2	2
1,893	3	2
2,593	4	2
1,499	1	3
1,799	2	3
2,299	3	3
2,999	4	3
1,786	1	4
2,086	2	4
2,586	3	4
3,286	4	4

Wir wollen die nichtlineare Regression mit 2 Einflussgrößen durch ein einfaches Beispiel näher erläutern:

Das Ausgangsdatenmaterial liegt in der Form der nebenstehenden Tabelle vor: Wie kann nun die richtige Funktion gefunden werden, wenn folgende mathematische Transformationen zur Verfügung stehen:

$\sqrt{x}$	Wurzelfunktion
x	linear
x^2	quadratisch
x^3	hoch 3
$\ln(x)$	natürlicher Logarithmus

Man kann wie folgt vorgehen: Zunächst behandelt man x_1 mit der Wurzelfunktion und berechnet die Regressionsfunktionen der vier Transformationen von x_2. Anschließend verfährt man mit den restlichen Transformationen von x_1 in der gleichen Weise, so dass alle möglichen Kombinationen berechnet werden. Als Ergebnis wählt man die Kombination von Transformationen, die das beste Bestimmtheitsmaß liefert. Das Ergebnis ist im folgenden Bild dargestellt.

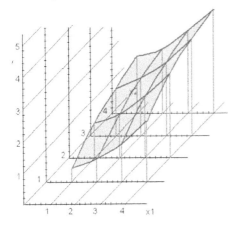

Bild 92: Zweifache nichtlineare Regression

Die gefundene Funktion lautet:

$$y = 0{,}3 + 0{,}1 \cdot x^2 + \ln(x_2)$$

Zur Lösung unseres Beispielproblems sind also $5^2 = 25$ Regressionsrechnungen erforderlich. Es ergibt sich folgende Matrix der Bestimmtheitsmaße in %:

	$\sqrt{x}$	x	x^2	x^3	$\ln(x)$
$\sqrt{x}$	95,52	94,18	89,86	85,12	95,98
x	97,86	96,52	92,20	87,52	98,32
x^2	99,54	98,21	93,88	89,20	100,00
x^3	98,52	97,18	92,86	88,18	98,98
$\ln(x)$	92,26	90,93	86,60	81,92	92,72

Mit dieser Vollenumeration wird mit Sicherheit die beste Lösung bei vorgegebenen Transformationen erreicht. Die Anzahl der Berechnungen n ergibt sich aus folgender Formel:

$n = AT^{EFG}$

n : Anzahl der Regressionsrechnungen
AT: Anzahl der Transformationen
EFG: Anzahl der Einflussgrößen

Da in der Regel die Anzahl der Transformationen größer gewählt wird, kann es bei größerer Einflussgrößenzahl zu erheblichen Rechenzeiten kommen. Um diese zu vermeiden, sind Optimierungsalgorithmen erforderlich, die mit weniger Rechenschritten ein gutes Ergebnis liefern.

7.6.6 Beurteilung von Regressionsformeln

Wir betrachten zunächst ein Beispiel:

Die Werte liegen in Form der folgenden Tabelle vor:

i	1	2	3	4	5	6	7	8	9	10	11	12	13	14	15	16	17	18	19	20
y_i	22	22	19	21	22	19	4	16	12	8	15	8	23	17	13	25	23	21	17	9
x_i	15	15	13	12	14	12	1	10	7	3	9	2	14	10	5	16	13	11	9	3

Die lineare Regressionsanalyse liefert folgendes Ergebnis:

$$y = 4{,}7198 + 1{,}2454 \cdot x_1 \quad \text{mit } B = 94{,}7369\,\%$$
$$r = 0{,}97333$$

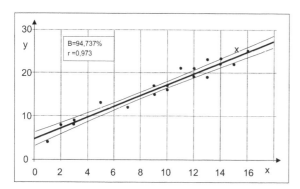

Bild 93: Grafik der Formel

Zur Beurteilung werden folgende Verfahren, Kennzahlen und Grafiken herangezogen:

- Bestimmtheitsmaß und Korrelation
- grafische Darstellung von $y = f_{(x)}$ und dem Vertrauensbereich
- Residualanalyse (Vergleich Messung-Rechnung)
- Vertrauensbereich der Koeffizienten

Zusätzlich bei mehrfacher Regression

- Korrelationsmatrix
- Test auf Reduktion der Einflussgrößen

Die Verfahren und Kenngrößen werden ausführlich in / 4 / beschrieben, so dass wir an dieser Stelle nicht mehr darauf eingehen.

7.6.7 Berücksichtigung der Messpunktanzahl

7.6.7.1 Messpunktanzahl bei unbekanntem Formelzusammenhang

Bei der Beurteilung statistischer Kenngrößen und Formeln ist die Anzahl der Werte, der sogenannte Stichprobenumfang, von entscheidender Bedeutung. Der Mittelwert, gebildet aus einem, zwei oder drei Werten ist nicht aussagefähig, da diese wenigen Werte durch Zufall stark von dem wahren Wert der Grundgesamtheit abweichen können. Erst bei einer hinreichenden Wertezahl kann eine abgesicherte statistische Aussage gemacht werden. Dies gilt in gleicher Weise für die Regressionsanalyse.

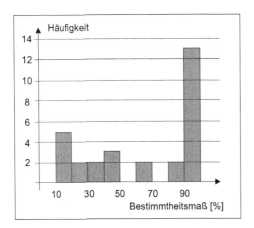

Lässt man z.B. bei der Regression mit einer Einflussgröße nur drei Messpunkte zu und bildet die Wertepaare mittels Zufallszahlen, so ist die Wahrscheinlichkeit sehr groß, dass ein sehr hohes Bestimmtheitsmaß zustande kommt, insbesondere wenn man unterschiedliche Transformationen bei der nichtlinearen Regression zulässt.

Bild 94: 30 Regressionen mit 3 Zufallswertepaaren

30 Versuche mit 3 Wertepaaren und 15 zugelassenen Transformationen ergaben die Werte in obigen Bild. Man erkennt, dass von den 30 Versuchen 15 mit einem Bestimmtheitsmaß von über 80% abgeschnitten haben. Dieser hohe Anteil sehr guter Anpassungen lässt darauf schließen, dass bei drei Wertepaaren zufällige Übereinstimmungen nicht vermieden werden können.

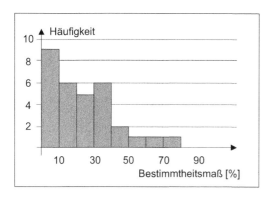

Führt man die Versuche mit 10 Wertepaaren durch, so erhält man die Darstellung in nebenstehendem Bild. Hier lagen nur 3 von 30 Versuchen (10%) bei einem Bestimmtheitsmaß von über 50%. Man kann also sagen, dass ab einer Messpunktzahl von ca. 10 zufällige Übereinstimmungen weitgehend vermieden werden können.

Bild 95: 30 Regressionen mit 10 Zufallswertepaaren

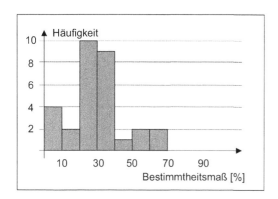

Verwendet man zwei Einflussgrößen, wird der beschriebene Effekt nochmals verstärkt, denn wenn die erste EFG nicht übereinstimmt, kann immer noch die zweite eine zufällige Übereinstimmung herbeiführen. Nach unserer Erfahrung mit liegt die Mindestmesspunktzahl zur Vermeidung zufälliger Übereinstimmungen bei ca. 15.

Bild 96: Regression: 2 EFG / 15 Zufallsdatensätze

Dieser Effekt setzt sich bei der Hinzunahme weiterer Einflussgrößen fort. Aufgrund durchgeführter Versuche mit bis zu 10 Einflussgrößen kann man sagen, dass für jede weitere Einflussgröße 5 zusätzliche Datensätze erforderlich sind.

Als Faustformel für die Mindestanzahl der Datensätze kann damit Folgendes gelten:

$$n_{min} = 5 \cdot EFG + 5$$

7.6.7.2 Messpunktanzahl bei bekanntem Formelzusammenhang

Die Betrachtungen zur Anzahl notwendiger Datensätze gelten nur, wenn über den Datenbestand *keinerlei* weitere Informationen vorhanden sind. Sind z.B. die physikalisch - technischen Bedingungen bekannt, unter denen die Werte zustande gekommen sind, so kann im

Einzelfall von der Regel abgewichen werden. Hierzu ein Beispiel:

Schweißen von I-Nähten

Hauptzeit [HM]	Schweißlänge [mm]
122	123
242	275
423	490
711	863
1005	1307

Beim Elektroden-Schweißen von I-Nähten wurden die Hauptzeiten und die zugehörigen Schweißlängen bei einer konstanten Blechdicke von 3 mm gemessen. Die Regressionsanalyse liefert folgende lineare Funktion:

$$\text{Zeit} = 41{,}95 + 0{,}75 \cdot \text{Länge}$$

Das Bestimmtheitsmaß beträgt   B=99,78%

Das Ergebnis der Regressionsrechnung zeigt folgendes Bild.

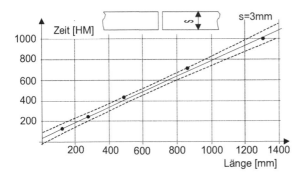

Bild 97: Schweißzeit in Abhängigkeit von der Schweißlänge

Da bekannt ist, dass beim Schweißen mit einer relativ konstanten Vorschubgeschwindigkeit gearbeitet wird, kann hier auf weitere Messungen verzichtet werden.

7.6.8 Vermeidbare Fehler beim Einsatz der Regressionsanalyse

In diesem Abschnitt möchten wir auf einige der möglichen Fehlerquellen beim Einsatz der Regressionsanalyse eingehen.

Häufung von Daten mit Extremwerten

Liegen die Datensätze der Stichprobe relativ gehäuft vor und liegen nur einige wenige Messwerte relativ weit von dieser Häufung entfernt, so beeinflussen diese Extremwerte das Gesamtergebnis der Regressionsrechnung überproportional. Im folgenden Bild sehen wir eine derartige Häufung mit zwei Extremwerten. Wenn diese beiden Werte entfernt werden, geht das Bestimmtheitsmaß auf 0,6% zurück. Um zu einer gültigen Formel zu kommen, müssen noch erheblich mehr Werte im Bereich zwischen x=100 bis x=500 erfasst werden.

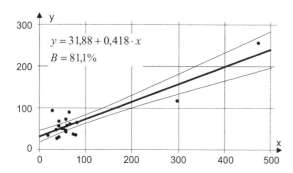

Bild 98: Häufung mit Extremwerten

Zwei Häufungen von Daten

Liegen zwei Häufungen vor, so ist es möglich mehrere, etwa gleichwertige Funktionen durch die Datenbereiche zu legen. In dem Bereich zwischen den Häufungen ist die Funktion also unbestimmt. Auch hier müssen noch Werte ermittelt werden, die in dem Zwischenbereich liegen.

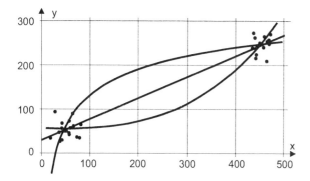

Bild 99: Funktion mit undefiniertem Zwischenbereich

7.7 Systeme Vorbestimmter Zeiten (SVZ) als Planzeitbaustein

Eine weitere Möglichkeit, Planzeiten zu verwenden sind die Systeme Vorbestimmter Zeiten. Nach Wikipedia handelt es hierbei um Systeme, mit denen durch Analyse des Bewegungsablaufes die Zeit hergeleitet wird. Die einzelnen Bewegungen werden anhand von Tabellen mit ermittelten Normzeiten bewertet. Im wesentlichen sind hier zwei Systeme bekannt:

- MTM: Methods-Time Measurement
- WF: Work-Faktor-Systems

In Deutschland hat sich das MTM-System weitgehend durchgesetzt.

7.7.1 MTM-Grundverfahren

Im MTM-Grundverfahren werden die sogenannten Grundbewegungen in Tabellenform beschrieben. Es handelt sich hierbei um die Vorgangselemente, die bereits in Abschnitt 3.1.1 beschrieben wurden.

Es werden folgende Bewegungselemente unterschieden:

Hinlangen	– R (Reach)	Drücken	– AP (Apply Pressure)
Greifen	– G (Grasp)	Trennen	– D (Disengage)
Loslassen	– RL (Release)	Drehen	– T (Turn)
Bringen	– M (Move)	Körper-, Bein- und Fußbewegungen	
Fügen	– P (Position)	Blickfunktionen	- ET (Eye Travel), EF (Eye Fokus)

Hinlangen - R - (Reach)

Beweg.-Länge in cm	R-A	R-B	R-C R-D	R-E	mR-A R-Am	mR-B R-Bm	m-Wert für B	Beschreibung der Fälle
bis 2	2,0	2,0	2,0	2,0	1,6	1,6	-0,4	A: Hinlangen zu einem alleinstehenden
4	3,4	3,4	5,1	3,2	3,0	2,4	-1,0	Gegenstand, der sich immer an einem
6	4,5	4,5	6,5	4,4	3,9	3,1	-1,4	genau bestimmten Ort befindet, in
8	5,5	5,5	7,5	5,5	4,6	3,7	-1,8	der anderen Hand liegt oder auf dem
10	6,1	6,3	8,4	6,8	4,9	4,3	-2,0	die andere Hand ruht.
12	6,4	7,4	9,1	7,3	5,2	4,8	-2,6	
14	6,8	8,2	9,7	7,8	5,5	5,4	-2,8	B: Hinlangen zu einem alleinstehenden
16	7,1	8,8	10,3	8,2	5,8	5,9	-2,9	Gegenstand, der sich an einem von
18	7,5	9,4	10,8	8,7	6,1	6,5	2,9	Arbeitsgang zu Arbeitsgang veränderten
20	7,8	10,0	11,4	9,2	6,5	7,1	-2,9	Ort befindet.
22	8,1	10,5	11,9	9,7	6,8	7,7	-2,8	
24	8,5	11,1	12,5	10,2	7,1	8,2	-2,9	C: Hinlangen zu einem Gegenstand, der
26	8,8	11,7	13,0	10,7	7,4	8,8	-2,9	mit gleichen oder ähnlichen Gegen-
28	9,2	12,2	13,6	11,2	7,7	9,4	-2,8	ständen so vermischt ist, dass er aus-
30	9,5	12,8	14,1	11,7	8,0	9,9	-2,9	gewählt werden muss.
35	10,4	14,2	15,5	12,9	8,8	11,4	-2,8	
40	11,3	15,6	16,8	14,1	9,6	12,8	-2,8	D: Hinlangen zu einem Gegenstand, der
45	12,1	17,0	18,2	15,3	10,4	14,2	-2,8	klein ist oder sehr genau oder mit
50	13,0	18,4	19,6	16,5	11,2	15,7	-2,7	Vorsicht gegriffen werden muss.
55	13,9	19,8	20,9	17,8	12,0	17,1	-2,7	E: Verlegen der Hand in eine nicht be-
60	14,7	21,2	22,3	19,0	12,8	18,5	-2,7	stimmte Lage, sei es zur Erlangung
65	15,6	22,6	23,6	20,2	13,5	19,9	-2,7	des Gleichgewichts, zur Vorberei-
70	16,5	24,1	25,0	21,4	14,3	21,4	-2,7	tung der folgenden Bewegung oder
75	17,3	25,5	26,4	22,6	15,1	22,8	-2,7	um die Hand aus der Arbeitszone
80	18,2	26,9	27,7	23,9	15,9	24,2	-2,7	zu entfernen.

Das MTM-Grundverfahren ist ausführlich in / 6 / auf Seite 533 ff beschrieben.

Bild 100: Auszug aus der Datenkarte MTM-Grundverfahren

Im folgenden wollen wir ein einfaches Beispiel für die Anwendung des Grundverfahrens zeigen. Nehmen wie einmal an, Sie sitzen an einem Tisch und haben in Reichweite (ca. 30 cm) ein Glas mit Wasser stehen. Sie nehmen nun das Wasserglas auf, führen es zum Mund, trinken einen Schluck, stellen das Glas an derselben Stelle wieder ab und bewegen Ihre Hand wieder in die Ausgangsposition. Wir wollen diesen Vorgang nun mit Hilfe des MTM-Verfahrens analysieren.

Wir nehmen die Datenkarte „Grundverfahren" zur Hand und wählen als erstes den Baustein "Hinlangen" (R – Reach) mit einer Bewegungslänge von 30 cm und den Fall A aus:

Fall A: Hinlangen zu einem alleinstehenden Gegenstand, der sich immer an einem genau bestimmten Ort befindet, in der anderen Hand liegt oder auf dem die andere Hand ruht. Dieses Vorgangselement ist mit einer Zeit von 9,5 TMU belegt.

Als nächstes wählen wir das Vorgangselement „Greifen": Greifen eines leicht zu fassenden, allein liegenden Gegenstandes." mit 2 TMU.

Es folgt ein „Bringen" (M – Move) über 30 cm mit dem **Fall A:** „Einen Gegenstand zur anderen Hand oder gegen einen Anschlag bringen". Hierfür werden 12,7 TMU benötigt. Da das Gewicht des Glases inklusive Inhalt bei ca. 2 N (Newton) liegt, ist kein Gewichtszuschlag erforderlich.

Nun muss das Glas an der Lippe positioniert werden. Dies ist ein „Fügen" (P – Position) in einem einfachen Fall (E), was mit 5,6 TMU zu Buche schlägt.

Das Element „Schluck trinken" ist ein Prozessbaustein, der nicht im MTM-Verfahren enthalten ist. Man muss diese Zeit also selbst bestimmen. Nach einigen Selbstversuchen wurde hierfür eine Zeit von 50 TMU ermittelt. Der Baustein wurde auf einer gesonderten Datenkarte festgehalten.

Danach muss das Glas wieder abgestellt werden. Dies ist wieder ein „Bringen" mit 12.7 TMU.

Zum Abstellen des Glases muss dieses losgelassen werden. Wir wählen also den Baustein „Loslassen" (RL – Release) durch Öffnen der Finger mit 2 TMU.

Zum Schluss wird die Hand wieder in die Ursprungsposition gebracht. Dies ist wieder ein Hinlangen (R – Reach) mit dem Fall A über 30 cm mit einer Zeit von 9,5 TMU.

Alles in allem erhalten wir eine Vorgangszeit von 118,6 TMU, was 7,1 HM oder 4,3 s entspricht.

In der Regel werden solche Analysen heute mit grafischen Datenkarten am PC durchgeführt. Am Markt werden verschiedene Softwareprodukte angeboten, welche die Möglichkeit bieten, solche Analysen interaktiv durchzuführen. Im folgenden Bild sehen wir unser Beispiel „Schluck trinken“ als MTM-Analyse.

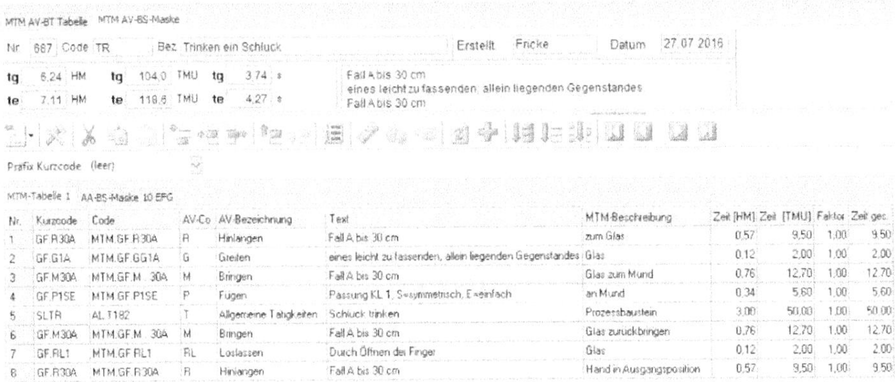

Nr.	Kurzcode	Code	AV-Co	AV-Bezeichnung	Text	MTM-Beschreibung	Zeit [HM]	Zeit [TMU]	Faktor	Zeit ges.
1	GF.R30A	MTM.GF.R30A	R	Hinlangen	Fall A bis 30 cm	zum Glas	0,57	9,50	1,00	9,50
2	GF.G1A	MTM.GF.GG1A	G	Greifen	eines leicht zu fassenden, allein liegenden Gegenstandes	Glas	0,12	2,00	1,00	2,00
3	GF.M30A	MTM.GF.M . 30A	M	Bringen	Fall A bis 30 cm	Glas zum Mund	0,76	12,70	1,00	12,70
4	GF.P1SE	MTM.GF.P1SE	P	Fügen	Passung KL 1, S=symmetrisch, E=einfach	an Mund	0,34	5,60	1,00	5,60
5	SLTR	AL.T182	T	Allgemeine Tätigkeiten	Schluck trinken	Prozessbaustein	3,00	50,00	1,00	50,00
6	GF.M30A	MTM.GF.M . 30A	M	Bringen	Fall A bis 30 cm	Glas zurückbringen	0,76	12,70	1,00	12,70
7	GF.RL1	MTM.GF.RL1	RL	Loslassen	Durch Öffnen der Finger	Glas	0,12	2,00	1,00	2,00
8	GF.R30A	MTM.GF.R30A	R	Hinlangen	Fall A bis 30 cm	Hand in Ausgangsposition	0,57	9,50	1,00	9,50

Bild 101: MTM-Analyse "Schluck trinken" (DRIGUS)

7.7.2 Verdichtete Verfahren im MTM-System

Da der Aufwand für die Analyse von Prozessen mit den Grundverfahren relativ groß ist, wurden sogenannte verdichtete Verfahren entwickelt, die aus der Zusammensetzung von Elementen des Grundverfahrens bestehen. Hier gibt es z.B. den Vorgang „Aufnehmen und Platzieren“ der sich aus folgenden Grundelementen zusammensetzt:

Hinlangen – R; Greifen – G; Bringen – M; Fügen – P; Loslassen – RL

Wenn man dies im Grundverfahren analysiert, dann kommt man zu folgenden Ergebnissen:

Nr.	Kurzcode	Code	AV-Co	AV-Bezeichnung	Text	Zeit [TMU]	EFG 1	Wert 1	Ein	EFG1-Bezeichnung
1	GF.R35A	MTM.GF.R35A	R	Hinlangen	Fall A bis 35 cm	10,40				
2	GF.G1A	MTM.GF.GG1A	G	Greifen	eines leicht zu fassenden, allein liegenden Gegenstandes.	2,00				
3	GF.M35A	MTM.GF.M . 35A	M	Bringen	Fall A bis 35 cm	14,30	FG	4,00	N	Gewichtskraft
4	GF.P1SE	MTM.GF.P1SE	P	Fügen	Passung KL 1, S=symmetrisch, E=einfach	5,60				
5	GF.RL1	MTM.GF.RL1	RL	Loslassen	Durch Öffnen der Finger	2,00				

Bild 102: Hinlangen und Platzieren: Grundverfahren Zeit = 34,3 TMU

Bei der oben angegebenen Verdichtung wird im UAS-Verfahren folgendes kalkuliert:

Nr.	Kurzcode	Code	AV-Co	AV-Bezeichnung	Text	Zeit [TMU]
1	UAS.AA2	MTM.UAS.GB.AA	A	Aufnehm. u. Platzieren	<= 1daN, leicht, ungefähr EB > 20 <= 50	35,00

Bild 103: Verdichtung "Hinlangen und Platzieren" UAS-Zeit = 35 TMU

Wie man sieht, stimmen bei dem o.g. Beispiel die Werte recht gut überein.

7.7.2.1 UAS – Universelles Analysiersystem

Dieses ist ein speziell für mittlere Serien konzipiertes System. Es ist u.a. für folgende Berei-che von Bedeutung: Automobilbau, Luftfahrzeugbau, Möbelindustrie, Mechatronik

Das UAS-System besteht aus folgenden Bausteinen:

Grundbausteine: Aufnehmen u. Platzieren, Betätigen, Hilfsmittel handhaben, Körperbewe-gungen, Platzieren, Visuelle Kontrolle, Bewegungszyklen

Standardvorgänge Montage: Auspacken, Behandeln, Ergänzungswerte, Festspannen u. Lösen, Klebearbeiten, Elektrik, Leitungen montieren, Markieren, Normteile montieren, Prü-fen oder Messen, Schraubarbeiten

Näheres hierzu finden Sie in / 6 / auf Seite 602 ff.

7.7.2.2 MEK – MTM für Einzel- und Kleinserienfertigung

Wie der Name schon sagt, kommt dieses Verfahren eher in der Einzel- und Kleinserienferti-gung zum Einsatz. Kennzeichnend hierfür sind Abläufe ohne oder mit unregelmäßig auftre-tenden Wiederholungen (Zyklen).

Das MEK-System besteht aus folgenden Bausteinen:

Grundbausteine: Aufnehmen u. Platzieren, Betätigen, Hilfsmittel handhaben, Körperbewe-gungen, Platzieren, Bewegungszyklen

Standardvorgänge Montage: Auspacken, Behandeln, Ergänzungswerte, Festspannen u. Lösen, Körperbewegungen, Markieren / Kennzeichnen, Normteile montieren, Prüfen oder Messen, Schrauben, Transportieren

Näheres hierzu finden Sie in in / 6 / auf Seite 615 ff.

7.7.2.3 MTM – Standarddaten

Nach / 6 / handelt es sich bei den Standarddaten um ein System zur Beschreibung hierar-chischer Bewegungsfolgen. Es besteht aus folgenden Bausteinen:

Basiswerte: Aufnehmen, Generelle Werte, Körperbewegungen, Lesen, Platzieren, Schrei-ben

Mehrzweckwerte: Aufnehmen u. Platzieren, Betätigen, Festmachen, Handhaben, Kenn-zeichnen, Messen u. Prüfen, Ölen, Aufnehmen-Platzieren und Platzieren, Reinigen, Schrauben, Werkzeug verwenden

Näheres hierzu finden Sie in in / 6 / auf Seite 633 ff.

7.7.2.4 MTM – Standardvorgänge Logistik

Die Standardvorgänge Logistik dienen zur Kalkulation, Beschreibung und Gestaltung von logistischen Prozessen wie Kommissionieren, Transportieren, Verpacken usw. Sie bestehen aus folgenden Bausteinen:

Handhaben: Handhaben, Information verarbeiten, Körperbewegungen, Verpackung öffnen, Verpackung schließen

Stapler/Kran Vorgangsschritte: Ausrichten 90°, Betätigen, Elektroschlepper, Fahren, Gabel in oder aus Palette, Heben / Senken, Krantransporte, Palette in oder aus Regalplatz, Verfahren, Transportwagen, Zuschläge

Stapler Vorgangsfolgen: Aufnehmen, Handgabelhubwagen, Zuschläge Stapler

7.7.3 SVZ in EDV-Systemen

EDV-Systeme, die eine rechnergestützte Analyse mit Hilfe vorbestimmter Zeiten ermöglichen, sollten alle gängigen Datenkarten anbieten. Weiterhin sollte die Möglichkeit bestehen, auf die spezielle Produktion zugeschnittene Datenkarten zu gestalten.

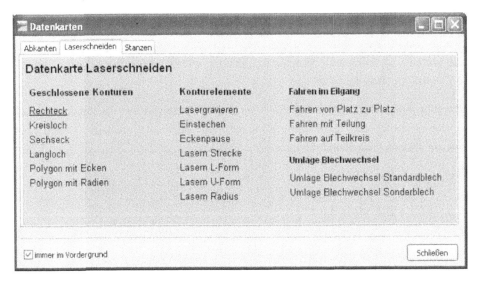

Bild 104: Eigene Datenkarte für Laserschneiden

7.8 Technische Formeln als Planzeitbaustein

Wie schon in Abschnitt 7.2 erwähnt, arbeiten technische Einrichtungen und Aggregate nach physikalischen Gesetzen. Diese sind in der System-Dokumentation und in Formelsammlungen hinterlegt. Um diese Daten optimal nutzen zu können, müssen sie für den speziellen

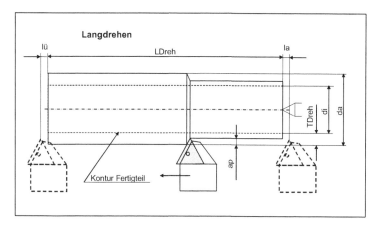

Anwendungsfall aufbereitet werden. Häufig sind diese Informationen auch noch mit Bedingungen verknüpft, so dass der Einsatz einer Skript-Sprache für diese Zwecke optimal erscheint. Wir zeigen dies am Beispiel des Verfahrens „Langdrehen".

Bild 105: Verhältnisse beim Langdrehen

Wie man auf dem Bild sieht, hängt das Langdrehen von folgenden Einflussgrößen ab:

Kürzel	Einheit	Bezeichnung
da	mm	Außendurchmesser
Ldreh	mm	Drehlänge
TDreh	mm	Drehtiefe
ap	mm	Schnitttiefe
f	mm/U	Vorschub
la	mm	Länge Anlauf
lue	mm	Länge Überlauf

Neben diesen geometrischen Abmessungen spielt natürlich der zu bearbeitende Werkstoff eine große Rolle. Es werden z.B. vornehmlich folgende Werkstoffe verarbeitet:

Werkstoffe	Werkstoffgruppe
C10, C15, C15E, St44-2, St44-3	101
GS-40, C35+C35E	103
9SMn28-36, 9SMnPb28-36, 11SMn30-37	106
X8Cr17, X20CrMo13, X5CrNi18 9	112
Alu-Legierungen bis 80 HB	201

In den bereits erwähnten technischen Tabellenbüchern sind zu den genannten Gruppen folgende Schnittwerte für Hartmetallwerkzeuge hinterlegt:

Schnittgeschwindigkeit: v_c in m / min

Gruppe   Formel oder Wert

101:      $V_c = -72.782 + 181.042 / \sqrt[4]{ap} + 171.533 / \sqrt[4]{f}$

103:      $V_c = -101.586 + 156.256 / \sqrt[4]{ap} + 182.113 / \sqrt[4]{f}$

106:      $V_c = 160$

112:      $V_c = 73.278 \quad + 72.49977 / \sqrt[3]{ap} + 0.1042 / f^4$

201:      $V_c = 1283.164 + 116.297 \quad / ap^2 - 975.848 * f$

(Die Formeln wurden mit Hilfe der Regressionsrechnung aus Tabellenwerten abgeleitet)

Für den einfachen Fall, dass die Drehzahl insgesamt konstant gehalten wird, steht dort auch die Hauptzeitformel:

$$t_h = \frac{L}{n \cdot f} \cdot AS$$

L = Ldreh + la + lue   L = Drehlänge + Anlauf + Überlauf

n = Vc / (π * da)   Drehzahl

AS = abrunden (Tdreh / ap)   Anzahl Schnitte

Aus diesen Zusammenhängen kann man nun eine entsprechende Skript-Formel ableiten. Nebenstehend zeigen wir das Flussdiagramm einer Skript-Formel für das Langdrehen:

Start

Eingabe der EFG-Werte

Aufruf Unterprogramm VcDrehen
Übergabe:
Wst. Gruppe WSG   = 112
Schnittiefe   ap   = 3
Vorschub   f   = 0,5
Ergebnis:
Schnittgeschw.   vc   = 125,2

Aufruf Unterprogramm Hauptzeit
Übergabe:
Außendurchm.   da   = 200
Drehlänge   Ldreh = 500
Drehtiefe   Tdreh = 10
Schnitttiefe   ap   = 3
Vorschub   f   = 0,5
Länge Anlauf   la   = 3
Länge Überlauf   lue   = 3
Ergebnis:
Hauptzeit   HZ   = 2031 HM

Rückgabe Hauptzeitwert

Stopp

Aber auch für viele andere Fälle sind Skripte sehr nützlich, z.B.:

- Berechnung der Anzahl Teile die auf eine Palette oder in eine Gitterbox passen
- Berechnung der mittleren Vorschubgeschwindigkeit beim Stanz-Nibbeln
- Berechnung der mittleren Geschwindigkeit beim Fahren von Platz zu Platz mit einem Kommissionierfahrzeug
- Berechnung von Masse und Volumen in Abhängigkeit von Werkstoff und Abmessung
- Auswahl des Verpackungstyps in Abhängigkeit von den Produktabmessungen
- Auswahl der Dichte in Abhängigkeit vom Werkstoff
- Auswahl des Transportmittels in Abhängigkeit von Werkstückeigenschaften
- u.v.m.

7.9 Ablage und Verwendung von Planzeitbausteinen

Wie wir schon eingangs bemerkt haben (vgl. Abschnitt 7.3), ist eine Grundvoraussetzung für die Planzeitbildung die Verwendung von standardisierten Textbausteinen. Diese sollten in einer strukturierten Datenbank hinterlegt sein (siehe Bild).

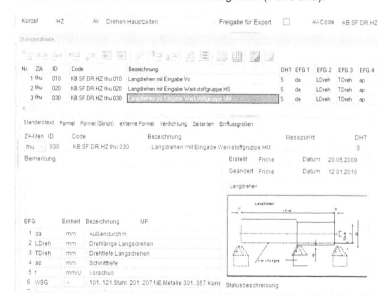

Bild 106: Beispiel einer Prozessdatenbank für Planzeitbausteine

Durch die Zuordnung der entsprechenden Planzeitbausteine zu den Textbausteinen entwickelt sich hieraus eine Prozessdatenbank. Die Datenbank sollte so flexibel aufgebaut sein, dass sie die unterschiedlichen Planzeitbausteine alternativ aufnehmen kann. Folgende

Bausteine können z.B. angelegt werden:

- Mittelwerte aus Zeitstudien

- Planzeitformeln aus Zeitstudien

- Skript-Formeln

- Tabellen und Grafiken mit Handeingabe der Zeitwerte

- Werte aus externen Datenbanken und Tabellen

- MTM-Bausteine und entsprechende Datenkarten

- Verdichtungen beliebiger Bausteine

Planzeiten werden zum Beispiel für den Aufbau von Arbeitsplänen verwendet.

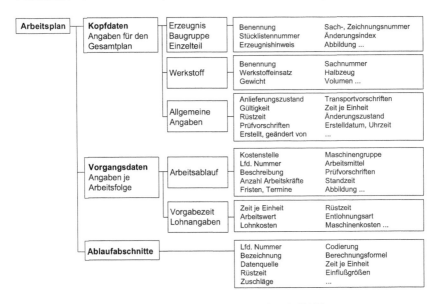

Bild 107: Prinzipieller Aufbau von Arbeitsplänen (nach AWF)

Ein Arbeitsplan ist die Beschreibung eines Arbeitsablaufs zur Fertigung eines Erzeugnisses. Er besteht aus Kopfdaten, Vorgangsdaten und Ablaufabschnitten. Die Kopfdaten können Informationen zum Erzeugnis, zu Baugruppen, Werkstoffen usw. enthalten. In der Regel ist der Aufbau der Kopfdaten auf die speziellen Anforderungen innerhalb des Betriebes abgestimmt. Jeder Arbeitsplan besteht aus einem oder mehreren Vorgängen, die sich wiederum aus Ablaufabschnitten zusammensetzen. Die Vorgabezeit des Arbeitsplanes setzt sich aus der Summe der Vorgabezeiten der Vorgänge zusammen. Ein Arbeitsplanungssystem sollte so beschaffen sein, dass die benutzerspezifischen Anforderungen an den Dateninhalt und die äußere Erscheinungsform erfüllt sind. Dies liegt daran, dass in der Arbeitsplanung eine Vielzahl von individuellen Daten zu erfassen sind, die von Fertigung zu Fertigung stark variieren. Ein Standard für alle Arbeitspläne lässt sich deshalb nicht festlegen.

Ein Arbeitsplanungssystem sollte deshalb u.a. folgende Eigenschaften aufweisen:

- freie Gestaltung aller Masken und Tabellen für Bildschirm und Ausdruck
- freie Anlage von beliebigen Datenfeldern in einer Datenbank
- frei definierte Export- und Importschnittstellen (z.B. Ankopplung PPS-System)

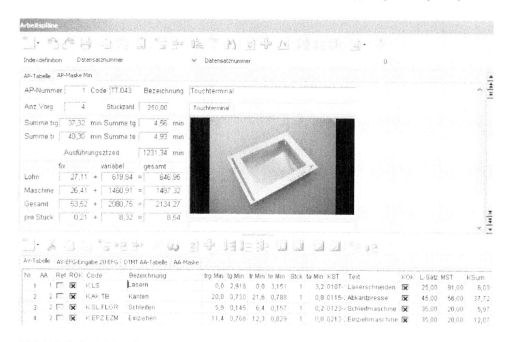

Bild 108: Beispiel Arbeitsplan mit Arbeitsvorgängen (DRIGUS)

Im oberen Teil des Bildschirmes sehen Sie die Kopfdaten des aktuellen Arbeitsplans und im unteren die zugehörigen Vorgänge.

7.10 Vorgehensweise beim Aufbau eines Planzeitkatalogs

In diesem Abschnitt möchte ich eine sinnvolle und risikoarme Vorgehensweise beim Aufbau eines Planzeitkatalogs zeigen. Insbesondere möchte ich hier auch auf die Fehler eingehen, die man dabei machen kann.

7.10.1 Warum überhaupt Planzeiten

Häufig stellt sich die Situation in Firmen wie folgt dar:

Fall 1: Die Firma startet zunächst als Kleinbetrieb. Die Anzahl der Mitarbeiter und Betriebsmittel ist recht übersichtlich und man kann relativ leicht eine Kalkulation aufbauen, mit deren Hilfe man die überschaubare Anzahl der Produkte und Prozesse in den Griff bekommt. Häufig setzt man hierzu ein Tabellenkalkulationsprogramm (meist Excel) ein.

Im Laufe der Zeit wächst die Firma zu einem mittelständigen Unternehmen heran und die Anzahl der Produkte und Prozesse und deren Variantenvielfalt nimmt exponentiell zu. Die im Tabellenkalkulationsprogramm hinterlegten Kalkulationen werden zunehmend komplexer. Insbesondere die verschachtelte Struktur der Tabellen mit vielen Sprüngen, Wenn – Dann – Anweisungen und Auswahlalgorithmen machen diese sehr unübersichtlich und erhöhen den Pflegeaufwand enorm. Nur noch wenige Mitarbeiter sind überhaupt in der Lage, die hinterlegten Algorithmen zu durchschauen und zu pflegen. Mit weiter zunehmender Ausweitung des Produktionsprogramms wird die kalkulatorische Situation immer prekärer. Da Wartung, Pflege und Erweiterung des Kalkulationsschemas nun zu komplex sind, werden zunehmend ungenaue Schätzmethoden in der Kalkulation eingesetzt. Häufig wird nicht mehr gerechnet, sondern man sucht sich ein ähnlich erscheinendes Produkt heraus, vergleicht qualitativ die Unterschiede und mutmaßt den wahrscheinlichen Zeit- und damit Kostenwert. Da dies nun immer öfter vorkommt, basieren die neueren Produkte immer mehr auf willkürlich geschätzten Daten. Wenn nun weitere Produkte hinzukommen, dann werden diese auf Basis der bisher geschätzten Produkte nochmals geschätzt. Mögliche Fehler pflanzen sich auf diese Weise fort. Man erhält Schätzungen, die auf Schätzungen beruhen, wobei deren Werte nur noch wenig mit den realen Vorkommnissen in der Fertigung zu tun haben.

Da nun diese ungenauen Daten auch als Planungsdaten in die Fertigung gelangen, geraten die Planer immer mehr ins Visier der ausführenden Mitarbeiter. Es geht die Kunde um: „was die da Planen, stimmt ja vorne und hinten nicht". Dies beeinträchtigt in nicht geringem Maße auch das Vorschlagswesen (KVP), denn die Verbesserungsvorschläge können nicht in dieses marode Kalkulationsschema einfließen und man gewinnt den Eindruck, dass es sich nicht weiter lohnt, Verbesserungen in den Prozessen publik zu machen.

Als weiterer schwerwiegender Nachteil können die Produkte und deren Kosten nur noch mit einer sehr großen Schwankungsbreite berechnet werden. Dies führt in der Regel zu drei Fällen:

- Produkt wird zu teuer kalkuliert → man bekommt den Auftrag nicht
- Produkt wird korrekt kalkuliert → man bekommt möglicherweise den Auftrag
- Produkt wird zu billig kalkuliert → man bekommt den Auftrag, macht aber Verluste

Im schlimmsten Fall, wenn nur noch wenige Aufträge korrekt kalkuliert werden können, nehmen die verlustbehafteten Aufträge zu und es kommt zu einer finanziellen Schieflage.

Spätestens zu diesem Zeitpunkt – besser jedoch schon früher – sollte man sich Gedanken darüber machen, wie man durch den Aufbau eines professionellen Planzeitsystems Abhilfe schaffen kann.

Fall 2: Die Firma existiert bereits länger und ist ein relativ großer Betrieb mit vielen Produkten und Prozessen. In der Vergangenheit hatte man eine Abteilung „Zeitwirtschaft" und eine funktionierende Arbeitsplanung. Die Zeitwirtschaft wurde u.a. auch dazu benötigt, die Vorgabezeiten für die Akkordentlohnung zu bestimmen, lieferte aber auch die wichtigen Zeitdaten zur Kalkulation der Produkte. Zu irgendeinem Zeitpunkt – wahrscheinlich in den 90er Jahren – wurde die Akkordentlohnung abgeschafft und eine andere Entlohnungsart eingeführt (Zeitlohn, Prämienlohn). Zeitgleich mit dieser Umstellung wurden auch neue Arbeitsstrukturen geschaffen, wie teilautonome Gruppenarbeit, Einführung von Fertigungsinseln, Jobrotation oder kontinuierlicher Verbesserungsprozess. Die Betriebsleiter und Geschäftsführer waren nun der Ansicht, dass die Abteilung „Zeitwirtschaft" nicht mehr in dem Maße benötigt wird wie bisher, was zu einem massiven Personalabbau in dem besagten Bereich führte. Das Ergebnis war, dass die Planungsgrundlagen nicht mehr weiter aktualisiert wurden und auf dem damaligen Stadium stehen blieben.

Da der technologische Fortschritt jedoch unaufhaltsam fortschreitet, ist ein Stillstand in der Erhebung der Planungsdaten gleichzusetzen mit Rückschritt. Durch die veralteten Planungsdaten werden korrekte Kalkulation immer seltener. Wie in Fall 1 greift das Schätzen um sich und im Laufe der Zeit haben wir es wieder mit stark streuenden, ungenauen Planungsdaten zu tun.

Auch in diesem Fall muss man sich über eine Reaktivierung der Zeitwirtschaft mit modernen Methoden Gedanken machen. Wie in Fall 1 schafft auch hier der Aufbau eines professionellen Planzeitsystems Abhilfe.

Ist man erst einmal zu der Entscheidung gekommen, dass etwas getan werden muss, werden häufig die nächsten Fehler begangen. Angesichts des offenkundig großen Rückstands im besagten Bereich wird eine große Aufholjagd gestartet, nach dem Motto „viel hilft viel".

Es werden z.B. gleich mehrere Zeitwirtschaftler mit dem Auftrag angeheuert, den gesamten Firmenbereich gleichzeitig aufzunehmen und daraus Planzeiten abzuleiten. Diese unkoordinierte Vorgehensweise führt leider fast immer zu erheblichem Aufwand und Kosten bei nur geringem Nutzen. Deshalb soll im Folgenden der Versuch gemacht werden, eine sinnvolle Vorgehensweise bei Aufbau und Pflege von Planzeitdaten zu beschreiben.

7.10.2 Aufbau eines Planzeitkatalogs

7.10.2.1 Auswahl eines geeigneten Planzeitsystems

Vor Beginn der Datenerhebung sollte zunächst ein geeignetes, EDV-gestütztes und integriertes Zeitwirtschafts- und Arbeitsplanungssystem ausgewählt werden. Eine Erhebung mit Handy und Stoppuhr und die Auswertung mit Excel ist zwar vermeintlich preisgünstig, hat aber aus bereits genannten Gründen erhebliche Nachteile (u.a. fehlende Reproduzierbarkeit, schlecht wartbar, Abhängigkeit von einzelnen Experten).

Für ein professionelles Zeitwirtschaftssystem spricht außerdem die funktionale Vielfalt und Flexibilität, welche diese in der Regel mit sich bringen. Zudem können diese in der Regel stufenweise ausgebaut werden.

Welche Funktionen sollte ein geeignetes System nun besitzen? Hier ist ein jeder unterschiedlich gefordert, die eigenen Anforderungen zu sammeln und mit den Anbietern der Systeme abzugleichen.

Ein derartiges System sollte folgenden Eigenschaften besitzen:
- Erstellung eines automatischen Änderungsprotokolls
- Anlage der Stammdatensätze in hierarchischer Baumstruktur
- Vergabe eines Codes beliebiger Länge je Datenbankeintrag
- Vergabe einer Bezeichnung beliebiger Länge
- Verwendung einer internen Codierung (Objekt-ID) zur verlustfreien Datenänderung
- Dokumentation jedes Objektes mit Hilfe frei gestaltbarer Masken
- Einbindung von Mediadateien (Foto, Audio, Video, PDF)
- Anlage von anwenderspezifischen Datenfeldern
- Flexibler Aufbau von Schnittstellen zu externen Systemen (ERP-PPS)
- Verwendung von Planzeit- / Skript-Formeln, MTM-Bausteinen und Verdichtungen
- Zugriff auf externe Datenbanken und Tabellen
- Zuordnung von Einflussgrößen zum Datensatz
- Such-, Filter und Sortierfunktionen
- Im- und Exportfunktionen

7.10.2.2 Vorgehensweise beim Aufbau des Katalogs

Zunächst möchte ich darauf hinweisen, dass bei einem unabgesprochenen Vorgehen mehrerer Beteiligter die Gefahr von Datenchaos relativ groß ist. Insbesondere die voreilende Anlage von fein verästelten Datenstrukturen birgt die Gefahr, dass der Katalog unübersichtlich und sehr schwierig zu handhaben ist. Außerdem wird das Risiko des Doppelanlegens von Datensätzen (Dubletten) groß. Also kann man zunächst folgende Regeln aufstellen:

Regel 1: Sind mehrere Personen am Aufbau des Katalogs beteiligt, dann sollte zwischen ihnen eine enge Abstimmung stattfinden. Dies kann geschehen, indem die beteiligten Personen örtlich in einem Raum zusammengezogen sind und eine ständige Kommunikation stattfinden kann. Ist dies aus technischen, organisatorischen und/oder räumlichen Gegebenheiten nicht möglich, so sollten regelmäßige Treffen zur Besprechung der bisherigen und weiteren Vorgehensweise stattfinden.

Regel 2: Es ist zu vermeiden, dass komplexe Strukturen ohne Bezug zu den tatsächlichen Tätigkeitsinhalten vorab angelegt werden. Insbesondere sollte das Anlegen von Dubletten vermieden werden.

Allgemeine Tätigkeiten

Zunächst sollte ein Arbeitsverfahren „Allgemeines" angelegt werden. In diesem Verfahren werden alle Tätigkeiten gesammelt, die bei vielen Verfahren in derselben Weise vorkommen können. Die dort gesammelten Einträge gelten also global für die gesamte Firma. Bei Bedarf kann dies Verfahren noch weiter unterteilt werden, z.B.:

Verteilzeiten

    Vp – 010 Persönliches Bedürfnis

    Vsv – 020 Dienstgespräche

    Vsv – 040 Warten auf Kran

    …

Fehlzeiten, N - Zeiten

    N – 010 Durch ZSMA verursachte Zeiten   (ZSMA = Zeitstudienmitarbeiter)

    N – 020 Andere Arbeit, nicht zum Auftrag gehörend

    N – 030 Fehlarbeit

    …

Allgemeine Tätigkeiten

    trg – 010 Auftrag abmelden / anmelden

    trg – 020 Auftragspapiere lesen

    tnb – 030 Palette wechseln

    tnb – 040 Gitterbox wechseln

    …

Die hier verwendeten Codierungen sind dabei lediglich als Beispiel anzusehen und können im jeweiligen Anwendungsfall frei gewählt werden. Alle allgemeinen Tätigkeiten, die im Verlauf der Datenerhebung auftreten, werden dann diesen Arbeitsverfahren zugeordnet.

Das erste echte Arbeitsverfahren

Bei der Auswahl des ersten Verfahrens ist darauf zu achten, dass der zu untersuchende Bereich möglichst einfach und nicht zu umfangreich ist. Je kleiner und einfacher der Bereich ist, desto schneller kann dieser durch Zeitstudien und anschließende Planzeitbildung abgedeckt. werden. Die beim Aufbau des ersten Verfahrens gemachten Fehler können dann leicht korrigiert und beim Aufbau der nächsten Verfahren vermieden werden.

Sind mehrere Personen mit dem Aufbau betraut, dann sollten diese in kleine Gruppen aufgeteilt werden (idealerweise 2 Personen pro Gruppe) und jede Gruppe sollte ein entsprechend einfaches Verfahren angehen. Alle beteiligten Personen (Gruppen) sollten sich gegenseitig über den Arbeitsfortschritt und auftretende Probleme austauschen.

Im Folgenden wollen wir ein durchgängiges Fallbeispiel bis hin zur Planzeitbildung beschreiben. Wir wählen als erstes Verfahren das „Sägen Rundmaterial". Zunächst überlegen wir, ob dieses Verfahren ggf. einem übergeordneten Bereich zugeordnet werden kann. Da in unserer fiktiven Fertigung auch die Verfahren Endenbearbeitung, Drehen, Fräsen, Bohren und Schleifen vorkommen, kann man erwägen, diese unter dem Oberbegriff „Spanende Fertigung" zusammenfassen. Wir legen also zunächst folgendes an:

SF – Spanende Fertigung

     01 Sägen Rundmaterial

Im nächsten Schritt informieren wir alle beteiligten Stellen über unser Vorhaben. Dies sind der Betriebsrat, der Meister und die Mitarbeiter der Abteilung. Nun begeben wir uns mit einem Blanko-Erfassbogen und unserem Erfassungsgerät in die entsprechende Abteilung suchen uns den ersten Arbeitsplatz aus, beobachten die dort anfallenden Tätigkeiten und schreiben die entsprechenden Ablauftexte auf unseren Blanko-Bogen auf. Nachdem das erste Rohteil abgearbeitet ist, haben wir folgendes notiert.

AA	Bezeichnung	Messpunkt
01	Rohteil mit Kran von Langteilregal holen und auf Säge bereitlegen	(liegt auf Maschine)
02	Rohteil gegen Anschlag schieben und festspannen	(Säge einschalten)
03	Sägen Rundmaterial	(Maschine fährt hoch)
04	Fertigteil entnehmen und in Gitterbox ablegen	(liegt in Box)
05	Reststück von Hand ins Regal ablegen	(liegt in Regal)

Wir erkennen, dass die Ablaufabschnitte 02 bis 04 sich solange wiederholen, bis das Rohteil aufgebraucht ist. Nachdem das Reststück im dafür vorgesehenen Regal liegt, wird das nächste Rohteil mit dem Kran geholt und der Vorgang wiederholt sich erneut. Wir schalten nun unser Erfassgerät ein und geben der Zeitstudie einen Namen (z.B.: „SF-01 Sägen Rund 01").

Als nächstes legen wir einen Zyklus von 2 bis 4 an und starten unsere Zeitstudie nachdem das Reststück ins Regal gelegt wurde. Nach ca. 17 Minuten haben wir ein zyklisches Epsilon von 1,18 % und ablaufabschnittbezogene Epsilonwerte von unter 2,4 % erreicht. Wir stoppen nun die Zeitstudie, um an einem anderen Platz einen Gitterboxwechsel (AA 06) aufzunehmen. Anschließend notieren wir uns die Auftragsdaten, den Namen des Mitarbeiters und gehen zu unserem Büroarbeitsplatz zurück. Dort angekommen übertragen wir die Daten an den Arbeitsplatzrechner und legen die Stammdaten für das Arbeitsverfahren „Sägen Rundmaterial" an. Anschließend ordnen wir den Ablaufabschnitten der Zeitstudie die Standardtexte zu. Jetzt müssen wir uns noch Gedanken um die Bezugsmengen und die Einflussgrößen machen. Da zwischen den Ablaufabschnitten

> AA1: Rohteil mit Kran von Langteilregal holen und auf Säge bereitlegen
>
> und
>
> AA 6: Reststück von Hand ins Regal ablegen

jeweils 6 Teile gesägt wurden, erhalten diese die Bezugsmengen BZM = 6.

Beim Gitterboxwechsel werden ebenfalls mehrere Teile auf einmal gehandhabt. Wir wollen nun herausfinden, wie viele Teile in eine Gitterbox hineingehen. Es handelt es sich hierbei um eine halbhohe Gitterbox mit folgenden Abmessungen:

Nutzhöhe Gitterbox	NHGB	=	400 mm
Länge Gitterbox	LGB	=	1200 mm
Breite Gitterbox	BGB	=	800 mm

Unsere Werkstücke haben folgende Abmessungen:

Länge Rohteil	LRohT	=	6000 mm
Länge Rundteil	LrundT	=	950 mm
Durchmesser	DrundT	=	60 mm

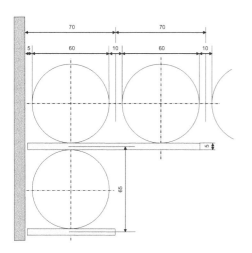

Aufgrund der Teilelänge müssen die Teile längs in die Box gelegt werden. Zwischen den Teilen wird ein Abstand von 10 mm eingehalten. Zwischen jede Lage wird eine Zwischenlage von 5 mm Dicke eingelegt (siehe nebenstehendes Bild). In der Waagerechten ergibt sich rechnerisch ein Durchmesser von 70 mm. Die Teilezahl je Lage erhalten wir wie folgt:

$$TzLage = \left\lfloor \frac{BGB}{DrundT + 10} \right\rfloor = \left\lfloor \frac{800mm}{70mm} \right\rfloor = 11$$

Die eckigen Klammern in der Formel stehen für Abrunden.

Bild 109: Anordnung der Rundteile in Gitterbox

In der Senkrechten haben wir es rechnerisch mit einem Durchmesser von 65 mm zu tun. Die Anzahl der Lagen berechnet sich demnach so:

$$\text{AnzLagen} = \left\lceil \frac{\text{NHGB}}{\text{DrundT} + 5} \right\rceil = \left\lceil \frac{400\text{mm}}{65\text{mm}} \right\rceil = 6$$

Wir erhalten die Anzahl der Teile in der Gitterbox zu:

$\text{AnzTeGibo} = \text{TzLage} \cdot \text{AnzLagen} = 66$

Für den Gitterboxwechsel muss also eine Bezugsmenge von 66 eingetragen werden.

Nach diesen Eingabe erhalten wir folgende Übersicht über die Zeitstudiendaten:

AA-Nr	Code	Z-Art	AA-Bezeichnung	AnMP	EZ	LG	BZM	tg / trg	te/tr
1	SF.01 tnb 001	tnb	Rohteil mit Kran von Langteilregal holen und auf Säge	3	103,33	100,00	6,00	17,22	18,94
2	SF.01 tnb 002	tnb	Rohteil gegen Anschlag schieben und festspannen	18	18,44	100,00	1,00	18,44	20,29
3	SF.01 thu 003	thu	Sägen Rundmaterial	18	34,44	100,00	1,00	34,44	37,89
4	SF.01 tnb 004	tnb	Fertigteil entnehmen und in Gitterbox ablegen	18	22,33	100,00	1,00	22,33	24,57
5	SF.01 tnb 005	tnb	Reststück von Hand ins Regal ablegen	3	44,00	100,00	6,00	7,33	8,07
6	AL.03 tnb 040	tnb	Gitterbox wechseln mit Handhubwagen	1	321,00	100,00	66,00	4,86	5,35

Bild 110: Übersicht der Ablaufabschnitte "Sägen Rund"

Nun müssen wir uns noch um die Einflussgrößen kümmern. Wir untersuchen die einzelnen Ablaufabschnitt unserer Studie:

Rohteil mit Kran von Langteilregal holen und auf Säge bereitlegen

Prinzipiell handelt es sich hierbei um eine Tätigkeit, der im Rahmen der Kalkulation ein Mittelwert zuzuordnen ist. Diese Tätigkeit dauert im Mittel immer gleich lange. Es ist jedoch zu berücksichtigen, dass die Anzahl der Teile, die von einem Rohteil abgesägt werden können, von der Rohteillänge und der Teilelänge abhängt. Mann braucht also einen Divisor, um diese konstante Zeit auf die Teilezahl umzulegen. Dieser berechnet sich in unserem Fall wie folgt:

$$\text{AnzTeile} = \left\lceil \frac{\text{Länge Rohteil}}{\text{Länge je Teil}} \right\rceil$$ Die eckigen Klammern in der Formel stehen für Abrunden.

Rohteil gegen Anschlag schieben und festspannen

Da das Rohteil vor jedem Sägeprozess gegen den Anschlag geschoben werden muss und der Verschiebeweg immer gleich der Teilelänge ist, haben wir hier als Einflussgröße die Länge je Teil (Verschiebeweg). Bei einer in etwa gleichbleibenden Vorschubgeschwindigkeit für das Verschieben wird die Zeit bei längeren Teilen proportional größer sein als bei kürzeren.

Sägen Rundmaterial

Beim Sägen hängt die Ausführungszeit vom Zerspanvolumen ab:

$$V_{Zerspan} = B_{SB} \cdot \frac{D_{Teil}^2 \cdot \pi}{4} \quad \text{mit} \quad B_{SB} \text{ Breite Kreissägeblatt}$$

$$\text{und } D_{Teil} \text{ Durchmesser Teil}$$

Die Breite des Sägeblattes ist konstant, deshalb erhalten wir als Einflussgröße: D_{Teil}

Fertigteil entnehmen und in Gitterbox ablegen

Da die Fertigteile immer in der gleichen Weise von Hand entnommen werden und keine gravierenden Gewichtseinflüsse zu erwarten sind, haben wir es hier mit einem konstanten Mittelwert zu tun und müssen deshalb keine Einflussgröße definieren.

Reststück von Hand ins Regal ablegen

Dieser Ablaufabschnitt kommt genauso oft vor, wie das „Rohteil auflegen". Er hängt wie dieser auch von der Anzahl der Teile je Rohteil ab.

Gitterbox wechseln mit Handhubwagen

Prinzipiell handelt es sich auch hier um eine Tätigkeit, der im Rahmen der Kalkulation ein Mittelwert zuzuordnen ist. Wenn diese Tätigkeit im Mittel immer gleich lange dauert, dann ist zu berücksichtigen, dass die Anzahl der Teile, die in eine Box passen, von den Abmessungen der Teile (Länge und Durchmesser) und der Gitterbox abhängen. Da in unserem Beispiel nur zwei verschiedene Typen von Gitterboxen vorkommen sollen, können wir eine Einflussgröße „Typ Gitterbox" definieren, für die folgendes gilt:

Typ Gitterbox = 1: halbhohe Gitterbox mit folgenden Abmessungen:
Nutzhöhe Gitterbox   NHGB   =   400 mm
Länge Gitterbox   LGB   =   1200 mm
Breite Gitterbox   BGB   =   800 mm

Typ Gitterbox = 2: hohe Gitterbox mit folgenden Abmessungen:
Nutzhöhe Gitterbox   NHGB   =   850 mm
Länge Gitterbox   LGB   =   1200 mm
Breite Gitterbox   BGB   =   800 mm

Alles in allem müssen wir für unser Beispiel folgende Einflussgrößen anlegen:

Code	Einheit	Text
D_Rund	mm	Durchmesser Rundmaterial
L_Rund	mm	Länge Rundmaterial
L_Roh	mm	Länge Rohteil
TypGB	-	1=Halbhoch 2=Hoch Typ Gibo

Bild 111: EFG für das Sägen Rundteil und Typ Gibo

Den einzelnen Standardtexten ordnen wir nun diese Einflussgrößen innerhalb unserer Stammdatenbank wie folgt zu:

Arbeitsverfahren SF Spanende Fertigung - 01 Sägen Rundmaterial

OBID	Code	Bezeichnung	Info Bemerkung	DHT	EFG 1	EFG 2	EFG 3
2893	SF.01 tnb 001	Rohteil mit Kran von Langteilregal holen und auf Säge bereitlegen		P			
2894	SF.01 tnb 002	Rohteil gegen Anschlag schieben und festspannen		P	L_Rund		
2895	SF.01 thu 003	Sägen Rundmaterial		P	D_Rund		
2896	SF.01 tnb 004	Fertigteil entnehmen und in Gitterbox ablegen		P			
2897	SF.01 tnb 005	Reststück von Hand ins Regal ablegen		P			
2899	SF.01 tnb 006			P			
2900	SF.01 tnb 007	Rohteil Rund mit Kran von Langteilregal holen und auf Säge bereitlegen	Aufruf OBID 2893	S	L_Roh	L_Rund	
2902	SF.01 tnb 008	Reststück Rund von Hand ins Regal ablegen	Aufruf OBID 2897	S	L_Roh	L_Rund	

Arbeitsverfahren AL Allgemeines - 03 Allgemeine Tätigkeiten

OBID	Code	Bezeichnung	Info Bemerkung	DHT	EFG 1	EFG 2	EFG 3
26	AL.03 thb 040	Gitterbox wechseln mit Handhubwagen		P			
2903	AL.03 thb 061	Gitterbox wechseln mit Handhubwagen mit Rundteilen	Aufruf OBID 26	S	TypGB	L_Rund	D_Rund

Bild 112: Zuordnung der EFG zu den Ablauftexten

In den folgenden Abschnitten werden wir die Ablaufabschnitte mit den gemessenen Zeiten und Einflussgrößen untersuchen und für jede Tätigkeit einen Planzeitbaustein erstellen. Dabei kommen die Verfahren Mittelwertbildung, Regressionsrechnung und Skript-Programmierung zum Einsatz.

Wie man sieht, haben wir für „001 Rohteil holen" und „005 Reststück wegbringen" zunächst keine Einflussgrößen angelegt. Diese Grundbausteine (Kennung P = Planzeitformel) sollen lediglich konstante Zeitwerte (Mittelwerte) beinhalten.

Zusätzlich haben wir die beiden Bausteine „007 Rohteil Rund..." und „008 Reststück Rund..." angelegt und diesen die Einflussgrößen L_Roh und L_Rund zugeordnet. Innerhalb dieser Skriptbausteine (Kennung S = Skript) sollen später die Anzahl der Teile je Rohteil berechnet werden, um daraus den korrekten Zeitanteil je Teil zu ermitteln.

Auch dem Baustein „040 Gitterbox wechseln..." (Kennung P = Planzeitformel) haben wir keine Einflussgrößen zugeordnet. Er soll lediglich den konstanten Zeitwert (Mittelwert) für den Wechselvorgang beinhalten. Die Berechnung der Teilezahl und damit des korrekten Zeitanteils je Teil geschieht im Skriptbaustein (Kennung S = Skript) „061 Gitterbox wechseln..." mit den Einflussgrößen TypGB, L_Rund und D_Rund.

Mit diesen Daten haben wir nun die optimale Voraussetzung, zum Aufbau eines Planzeitkatalogs für das Sägen. Wir brauchen jetzt nur noch weitere Zeitstudien mit unterschiedlichen Einflussgrößen durchzuführen und die Werte in einer Datenbank zu sammeln.

Im Folgenden wollen wir die Bildung der Planzeitbausteine beschreiben:

Rohteil gegen Anschlag schieben und festspannen

Wir haben 4 Zeitstudien mit verschiedenen Längen durchgeführt und führen eine Regressionsrechnung durch. Das Bestimmtheitsmaß beträgt über 99% und die Formel lautet:

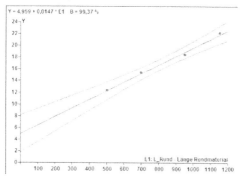

$$Y = 4{,}959 + 0{,}0147 \cdot L\_Rund$$

Die Zeit 4,959 HM ist der konstante Y-Achsenabschnitt und kann als Zeit für das Festspannen interpretiert werden.

Der Faktor 0,0147 kennzeichnet die Zeit, in der das Teil um 1 mm verschoben wird.

Die Regressionsformel wird zu unserem Standardtext gespeichert und steht nun zur weiteren Verwendung zur Verfügung.

Bild 113: Regressionsrechnung

Sägen Rundmaterial

Wir wissen bereits, dass dieser Prozess von der Größe des Querschnitts abhängt. Da dieser mit dem Quadrat des Durchmessers anwächst, erhalten wir eine quadratische Parabel als Ergebnis der Regressionsrechnung.

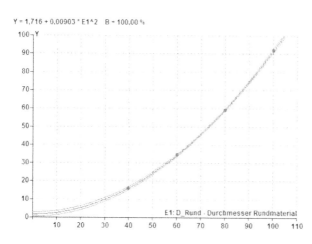

$$Y = 1{,}716 + 0{,}00903 \cdot D\_Rund^2$$

Das Bestimmtheitsmaß beträgt in diesem Fall 99,996 %, so dass eine nahezu hundertprozentige Übereinstimmung zwischen Rechnung und Messung erzielt werden kann.

Der kleine konstante Anteil von 1,716 HM kann als An- und Überlauf interpretiert werden.

Bild 114: Ergebnis der Regressionsrechnung

Auch dieser Baustein wird abgelegt und kann anschließend verwendet werden.

Fertigteil entnehmen und in Gitterbox ablegen

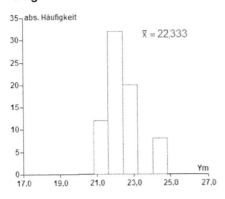

In unserem Beispiel haben wir 73 Messwerte, deren Verteilung das nebenstehende Bild zeigt. Der Mittelwert beträgt 22,333 HM und das Epsilon liegt bei 1 %.

Dieser Mittelwert wird als Planzeitbaustein abgelegt.

Bild 115: Verteilung der Zeitwerte

Rohteil mit Kran von Langteilregal holen und auf Säge bereitlegen

Da dieser Ablaufabschnitt nicht so häufig vorkommt, beobachtet man im Rahmen einer Sammelstudie mehrere Plätze. Immer wenn an einem der Plätze dieser AA vorkommt wird

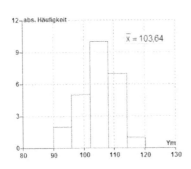

er gemessen. Auf diese Weise bekommt man in relativ kurzer Zeit eine ausreichende Anzahl von Messwerten. In unserem Beispiel ergeben sich 25 Werte mit einem Mittelwert von 103,64 HM und einem Epsilon von 2,6 %. Dieser Mittelwert wird als Planzeitbaustein hinter dem Grundbaustein „001 Rohteil mit Kran..." abgelegt.

Bild 116: Verteilung der Zeitwerte

Nun müssen wir dafür sorgen, dass dieser Wert auf die Anzahl der Teile umgelegt wird. Schon weiter oben haben wir die Berechnungsformel hierfür ermittelt:

$$AnzTeile = \left[\frac{\text{Länge Rohteil}}{\text{Länge je Teil}} \right]$$

Hierzu eine Beispielrechnung:

Gegeben sind folgende Werte: Rohteillänge   L_Roh = 6000 mm

Teilelänge   L_Rund = 706 mm

Für eine korrekte Berechnung muss in der Teilelänge die Schnittzugabe (Sägeblattbreite) enthalten sein.

Wir berechnen nun die Teilezahl wie folgt: $AnzTeile = \dfrac{6000}{706} = 8,499$

Wir erhalten also 8 Teile von jeweils 706 mm Länge und ein Reststück mit

L_Reststück = 0,499 · 706 mm = 352 mm

Da wir nur ganze Teile gebrauchen können müssen wir das Ergebnis abrunden.

Wir legen nun für „007 Rohteil Rund mit Kran…" eine Skriptformel mit folgender Struktur an:

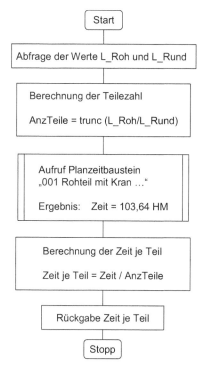

Nach der Abfrage der Werte berechnen wir die Anzahl der Teile. Die Trunc-Funktion dient dabei zum abschneiden der Nachkommastellen, so dass eine ganzzahlige Teilezahl als Ergebnis herauskommt.

Anschließend rufen wir den Planzeitbaustein „001 Rohteil mit Kran von Langteilregal…" auf.

Dieser liefert den konstanten Zeitwert 103,64 HM.

Der Wert wird anschließend durch die Teilezahl dividiert und der Variablen „Zeit je Teil" zugewiesen.

Zuletzt wird die Zeit je Teil als Formelergebnis zurückgegeben.

Reststück von Hand ins Regal ablegen

Wie schon beim Holen des Rohteils mit dem Kran wird hier zunächst ein Grundbaustein als Mittelwert abgelegt, der dann von verschiedenen abgeleiteten Bausteinen aufgerufen werden kann. Auch hier wurden im Rahmen einer Sammelstudie mehrere Plätze beobachtet.

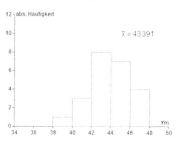

In unserem Beispiel ergeben die 23 Werte einen Mittelwert von 43,391 HM und ein Epsilon von 2 %. Dieser Mittelwert wird als Planzeitbaustein zu dem Standarttext (Grundbaustein) abgelegt.

Bild 117: Verteilung der Zeitwerte

Nun müssen wir dafür sorgen, dass dieser Wert auf die Anzahl der Teile umgelegt wird. Es gelten hier dieselben Bedingungen wie beim Ablaufabschnitt „Holen des Rohteils", so dass sich eine Skript-Formel mit folgender Struktur ergibt:

Nach der Abfrage der Werte berechnen wir die Anzahl der Teile. Die Trunc-Funktion dient dabei zum abschneiden der Nachkommastellen, so dass eine ganzzahlige Teilezahl als Ergebnis herauskommt.

Anschließend rufen wir den Planzeitbaustein „006 Rohteil von Hand ins Regal ablegen" auf.

Dieser liefert den konstanten Zeitwert 43,391 HM.

Der Wert wird anschließend durch die Teilezahl dividiert und der Variablen „Zeit je Teil" zugewiesen.

Zuletzt wird die Zeit je Teil als Formelergebnis zurückgegeben.

Wir sehen, dass sich die beiden Skript-Formeln lediglich durch den Aufruf eines anderen Grundbausteins unterscheiden. Man kann natürlich auch daran denken beide Grundbausteine im Rahmen eines Skripts aufzurufen.

Planzeitbaustein für „Gitterbox wechseln mit Handhubwagen"
Das Wechseln einer Gitterbox kommt relativ selten vor. Auch hier können Sammelstudien helfen oder man simuliert den Prozess mit unterschiedlichen Mitarbeitern. In unserem Beispiel haben wir hierfür 4 Werte gemessen, deren Mittelwert bei 303 HM liegt. Dieser Wert wird nun als vorläufiger Planzeitbaustein abgelegt. Ein sinnvoller Epsilonwert kann aufgrund der geringen Messpunktzahl nicht angegeben werden.

Wir müssen nun für die jeweils möglichen Fälle die Anzahl der Rundteile in der Gitterbox berechnen. Die Rundteile, die hier bearbeitet werden, liegen in der Länge zwischen 500 mm und 1190 mm. Die Grundflächen der Boxen haben eine Länge von 1200 mm und eine Breite von 800 mm. Nun können folgende Fälle unterschieden werden:

L_Rund   > 790 mm: Teileanordnung nur längs in Gitterbox
790 mm ≥ L_Rund > 590 mm: Teileanordnung quer in Gitterbox
L_Rund   ≤ 590 mm: Teileanordnung in 2 Reihen längs in Gitterbox

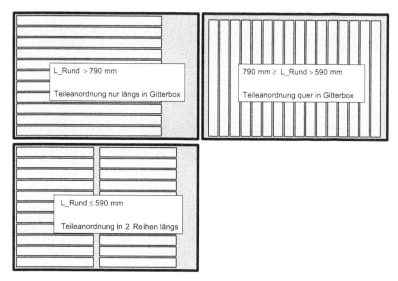

Bild 118: Mögliche Teileanordnungen in der Gitterbox

Die Berechnung der „Anzahl-Lagen übereinander" hatten wir bereits weiter vorn wie folgt berechnet:

$$AnzLagen = \left\lceil \frac{NHGB}{DrundT + 5} \right\rceil = \left\lceil \frac{400mm}{65mm} \right\rceil = 6$$

Wir wollen nun anhand dieses Beispiels zeigen, wie man die Skript-Programmierung nutzen kann, um nicht nur Zeiten sondern auch Einflussgrößen bzw. Bezugsmengen zu berechnen.

Wir legen also den Baustein „Gitterbox wechseln mit Handhubwagen mit Rundteilen" mit folgenden EFG an:

Code	Einheit	Text
TypGB	-	1=Halbhoch 2=Hoch Typ Gibo
L_Rund	mm	Länge Rundmaterial
D_Rund	mm	Durchmesser Rundmaterial

Das folgende Bild zeigt das Flussdiagramm für die Skript-Formel.

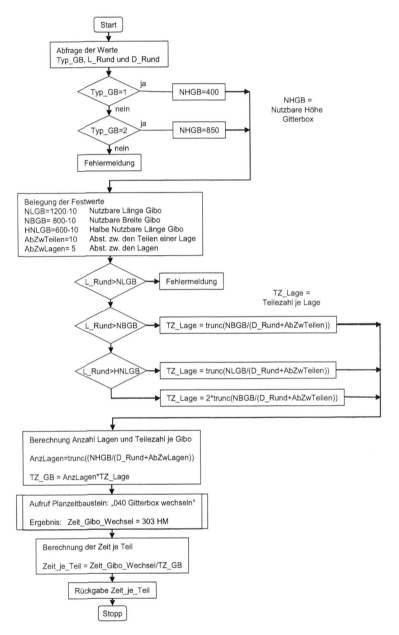

Bild 119: Fluss-Diagramm zur Skript Formel "Gitterbox wechseln"

8 Abtaktung von Montagelinien

Es gibt eine Reihe von Produkten, welche in sogenannter Fließarbeit gefertigt werden. Dabei werden die Produkte von Arbeitstation zu Arbeitsstation weitergereicht, wobei jeder Arbeitsstation nur ein definierter Teilbereich des Gesamtablaufs zugeordnet wird. Typische Produkte, die häufig in Fließfertigung montiert werden, sind:

- Automobile
- Staubsauger
- Kühl- und Gefrierschränke
- Wasch- und Spülmaschinen

- Rasenmäher
- Fernsehgeräte
- Fotoapparate
- handgeführte Elektrowerkzeuge

Allen gemeinsam ist die hohe Stückzahl, in der die Produkte gefertigt werden. Man spricht in diesem Fall von Großserien- oder auch Massenfertigung. Bestimmend für die Fertigungsleistung ist hierbei die Taktzeit als diejenige Zeit, nach der ein Produkt fertig die Montagelinie verlässt. Unter Abtaktung versteht man in diesem Zusammenhang die möglichst optimale Verteilung der Arbeitsinhalte auf die vorhandenen Arbeitsstationen, wobei diejenige Station als Taktbestimmend gilt, welche zu 100% ausgelastet ist. Bei allen anderen Stationen treten mehr oder weniger große Wartezeiten auf, die als Taktausgleich bezeichnet werden. Das Ziel einer Abtaktung ist es, die Tätigkeiten so zu verteilen, dass alle Stationen möglichst gleichmäßig belastet sind und damit der Taktausgleich insgesamt niedrig gehalten wird.

Wir wollen die Zusammenhänge einmal anhand eines einfachen Beispiels kennenlernen.

Beispiel: Ein Staubsauger soll auf einer Montagelinie fertig montiert und versandfertig verpackt werden. Dabei sollen folgende Ablaufabschnitte durchlaufen werden:

[AA] Bezeichnung	Zeit HM	Direkte Vorgänger
[01] Gehäuse auf Montageträger auflegen	34	keine
[02] Zwei Räder an Gehäuse montieren	45	1
[03] Motor in Gehäuse einbauen und anschließen	85	1
[04] Motorfilter anbringen	23	1
[05] Gebläse in Gehäuse einbauen	67	1
[06] Mikrofilter in Gehäuse einstecken	23	1
[07] Kabelroller montieren und anschließen	73	1
[08] Aufnahme für Staubbeutel einbauen	18	1
[09] Dichtring für Beutelaufnahme einlegen	15	1
[10] Abdeckung für Beutelaufnahme anbringen	23	8, 9
[11] Aufnahme für Saugschlauch montieren	18	10
[12] Motorabdeckung aufsetzen auf Gehäuse	56	2, 3, 4, 5, 6, 7
[13] Schieberegler in Motorabdeckung einbauen	28	12
[14] Kabelroller Pedal in Motorabdeckung einbauen	25	12
[15] Ein- / Ausschalter in Motorabdeckung einbauen	25	12
[16] Gerät elektrisch anschließen und Testen	78	11, 13, 14, 15
[17] Etiketten aufkleben	16	16
[18] Verpackungskarton aufbauen	33	17
[19] Untere Schaumstoffeinlage in Karton einlegen	23	18
[20] Gehäuse in Folie verpacken	41	17
[21] Gehäuse in Karton verpacken	24	19, 20
[22] Mittlere Schaumstoffeinlage einlegen	20	21
[23] Schlauch, Düsen, Gebrauchsanleitung und Zubehör einlegen	43	22
[24] Obere Schaumstoffeinlage einlegen	22	23
[25] Karton schließen und mit Klebeband zukleben	36	24
[26] Karton auf Palette ablegen	15	25

Bild 120: AA-Tabelle mit direkten Vorgängern

Wie man sieht, sind in der 3. Spalte die direkten Vorgänger eingetragen. Dabei ist ein „direkter Vorgänger" eine Tätigkeit, die unbedingt vor der aktuellen Tätigkeit ausgeführt werden muss. Der Ablauf Nr. 10 darf z.B. nicht vor den Abläufen 8 und 9 platziert werden, d.h. die Abläufe 8 und 9 müssen unbedingt vor Beginn des Ablaufs 10 fertiggestellt sein.

Der Ablauf Nr. 1 ist natürlich auch ein Vorgänger von 10. Dies ist jedoch bereits über die Vorgängerregelungen der Abläufe 8 und 9 geregelt. Man kann sagen, dass der Ablauf Nr. 1 ein indirekter Vorgänger des Ablaufs 10 ist.

Weitere Beispiele für Vorrangbedingungen:
Der Ablauf Nr. 12 darf nicht vor den Abläufen 2, 3, 4, 5, 6, und 7 platziert werden.
Der Ablauf Nr. 15 darf nicht vor dem Ablauf 12 platziert werden.
Der Ablauf Nr. 21 darf nicht vor den Abläufen 19 und 20 platziert werden.

Aus diesen Vorrangbedingungen kann ein sogenannter Vorranggraph entwickelt werden.

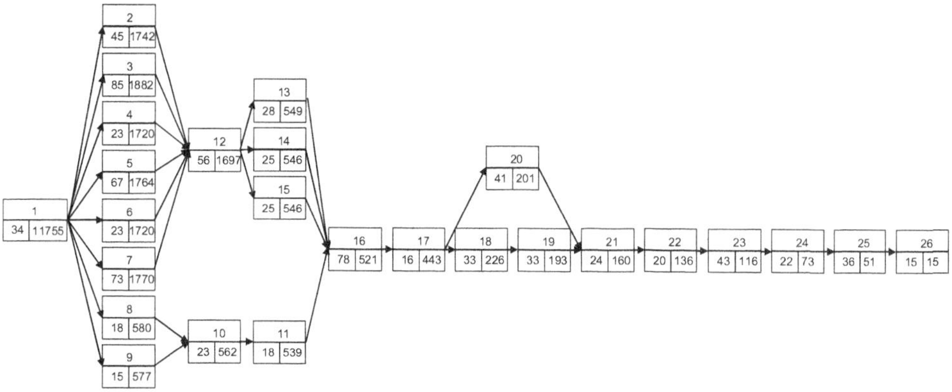

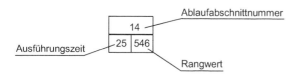

Bild 121: Vorranggraph

Jedes Kästchen des Vorranggrafen enthält folgende Informationen:

Ablaufabschnittnummer

Ausführungszeit

Rangwert

Bild 122: Objektinformationen im Vorranggraph

Die Ablaufabschnittnummer und die Ausführungszeit erklären sich selbst. Bleibt also zu klären, was ein Rangwert ist und wozu man diesen verwenden kann.

Berechnung des Rangwertes (RW)

Der Rangwert eines Ablaufabschnittes berechnet sich aus der Zeit des Abschnitts plus der Summe der Rangwerte aller direkten Nachfolger. Begonnen wird mit der Berechnung bei den Elementen die keine weiteren Nachfolger haben. In unserem Beispiel ist dies der Ablaufabschnitt 26 „Karton auf Palette ablegen", dessen Rangwert 15 HM beträgt. Der AA 25 ist direkter Vorgänger, so dass sich dessen Rangwert wie folgt berechnet:

$$RW_{(25)} = RW_{(26)} + T_{(25)} = 15\,HM + 36\,HM = 51\,HM$$

Der AA17 hat als direkte Nachfolger AA18 und AA20. Der Rangwert berechnet sich deshalb zu:

$$RW_{(17)} = RW_{(18)} + RW_{(20)} + T_{(17)} = 226\,HM + 201\,HM + 16\,HM = 443\,HM$$

AA12 hat folgende direkte Nachfolger: AA13, AA14 und AA15. Also gilt:

$$RW_{(12)} = RW_{(13)} + RW_{(14)} + RW_{(15)} + T_{(12)} = 549\,HM + 546\,HM + 546\,HM + 56\,HM = 1697\,HM$$

Elemente ohne Vorgänger und ohne Nachfolger erhalten als Rangwert ihre eigene Zeit. Diese freien Elemente können an beliebigen Stellen ausgeführt werden.

Wir können nun eine Tabelle erstellen, in der die Tätigkeiten nach Rangwert geordnet sind:

[AA] Bezeichnung	Rang-wert	Zeit HM
[01] Gehäuse auf Montageträger auflegen	11755	34
[03] Motor in Gehäuse einbauen und anschließen	1882	85
[07] Kabelroller montieren und anschließen	1770	73
[05] Gebläse in Gehäuse einbauen	1764	67
[02] Zwei Räder an Gehäuse montieren	1742	45
[04] Motorfilter anbringen	1720	23
[06] Mikrofilter in Gehäuse einstecken	1720	23
[12] Motorabdeckung aufsetzen auf Gehäuse	1697	56
[08] Aufnahme für Staubbeutel einbauen	580	18
[09] Dichtring für Beutelaufnahme einlegen	577	15
[10] Abdeckung für Beutelaufnahme anbringen	562	23
[13] Schieberegler in Motorabdeckung einbauen	549	28
[14] Kabelroller Pedal in Motorabdeckung einbauen	546	25
[15] Ein- / Ausschalter in Motorabdeckung einbauen	546	25
[11] Aufnahme für Saugschlauch montieren	539	18
[16] Gerät elektrisch anschließen und Testen	521	78
[17] Etiketten aufkleben	443	16
[18] Verpackungskarton aufbauen	226	33
[20] Gehäuse in Folie verpacken	201	41
[19] Untere Schaumstoffeinlage in Karton einlegen	193	23
[21] Gehäuse in Karton verpacken	160	24
[22] Mittlere Schaumstoffeinlage einlegen	136	20
[23] Schlauch, Düsen, Gebrauchsanleitung und Zubehör einlegen	116	43
[24] Obere Schaumstoffeinlage einlegen	73	22
[25] Karton schließen und mit Klebeband zukleben	51	36
[26] Karton auf Palette ablegen	15	15

Bild 123: AA-Tabelle nach Rangwerten sortiert

Verwendung des Rangwertes (Rangwert-Verfahren)

Bei der Verteilung der einzelnen Ablaufabschnitte geht man nun wie folgt vor:

1. Man legt fest, wie viele Plätze für die Arbeitsausführung verwendet werden sollen.

2. Man berechnet eine erste vorläufige Taktzeit, indem man die Gesamtzeit durch die Anzahl Plätze dividiert.

3. Man belegt den 1. Platz mit den Ablaufabschnitten in der Reihenfolge der höchsten Rangwerte, bis kein weiterer Ablaufabschnitt in der Reihenfolge mehr zugeordnet werden kann.

4. Man sucht nun in der Rangwertliste nach weiteren Ablaufabschnitten mit niedrigeren Rangwerten und versucht, diese dem Platz zuzuordnen. Dabei ist zu beachten, dass die Vorgängerbedingung eingehalten wird.

5. Wenn dem 1. Platz kein weiterer Ablaufabschnitt zugeteilt werden kann, beginnt man mit mit der Belegung des zweiten Platzes in der Reihenfolge der höchsten Rangwerte der verbliebenen Tätigkeiten. Auch hier wird solange versucht zuzuteilen, bis keine weitere Tätigkeit mehr zugeteilt werden kann.

6. In derselben Weise werden dann alle restlichen Plätze belegt.

7. Freie Elemente werden anschließend auf die Plätze verteilt.

8. Im letzten Schritt versucht man, durch zulässiges Verschieben der Tätigkeiten von einem Platz zum anderen die Taktung so zu optimieren, dass die echte Taktzeit – die mit der größten Zeitsumme eines Platzes – am kleinsten wird.

Wir wollen das Verfahren einmal an unserem Beispiel ausprobieren, wobei wir 4 Plätze vorgeben. Die vorläufige Taktzeit erhalten wir wie folgt:

$$TZ_{vorläufig} = \frac{909HM}{4} = 227{,}25HM \approx 240HM$$

Nachdem wir die ersten drei Tätigkeiten zugeordnet haben, erhalten wir folgendes:

Platz 1		
[01] Gehäuse auf Montageträger auflegen	11755	34
[03] Motor in Gehäuse einbauen und anschließen	1882	85
[07] Kabelroller montieren und anschließen	1770	73

Wie man sieht, erhalten wir als Summe der drei Zeiten 192 HM. Als Differenz zu unserer vorläufigen Taktzeit erhalten wir 240 HM – 192 HM = 48 HM.

Die nächste Tätigkeit, die wir laut Rangwert zuordnen sollen ist AA5 mit 67 HM. Dies ist allerdings größer als zulässig. Wir suchen nun in unserer Liste nach weiteren zulässigen Tätigkeiten deren Zeit kleiner ist als 48 HM und finden den AA 2 mit 45 HM. Wenn wir diesen zuordnen haben wir unseren 1. Platz schon sehr gut ausgelastet. Wir dürfen dies im übrigen tun, weil die AA 2 bis AA 9 als direkten Vorgänger den AA 1 besitzen und somit beliebig vertauscht werden dürfen.

Platz 1		
[01] Gehäuse auf Montageträger auflegen	11755	34
[03] Motor in Gehäuse einbauen und anschließen	1882	85
[07] Kabelroller montieren und anschließen	1770	73
[02] Zwei Räder an Gehäuse montieren	1742	45
Summe P1		237

Mit 237 HM ist dieser Platz sehr gut ausgelastet.

Als nächstes belegen wir Platz 2.

Platz 2		
[05] Gebläse in Gehäuse einbauen	1764	67
[04] Motorfilter anbringen	1720	23
[06] Mikrofilter in Gehäuse einstecken	1720	23
[12] Motorabdeckung aufsetzen auf Gehäuse	1697	56
[08] Aufnahme für Staubbeutel einbauen	580	18
[09] Dichtring für Beutelaufnahme einlegen	577	15
[10] Abdeckung für Beutelaufnahme anbringen	562	23
Summe P2		225

Da nur noch 15 HM an 240 HM fehlen, lässt sich kein weiterer Ablaufabschnitt zuordnen.

Auf Platz 3 verteilen wir folgende Tätigkeiten:

Platz 3		
[13] Schieberegler in Motorabdeckung einbauen	549	28
[14] Kabelroller Pedal in Motorabdeckung einbauen	546	25
[15] Ein- / Ausschalter in Motorabdeckung einbauen	546	25
[11] Aufnahme für Saugschlauch montieren	539	18
[16] Gerät elektrisch anschließen und Testen	521	78
[17] Etiketten aufkleben	443	16
[18] Verpackungskarton aufbauen	226	33
Summe P3		223

Da nur noch 17 HM auf diesem Platz frei sind, ist es nicht möglich weitere Tätigkeiten zuzuordnen. Fehlt also noch Platz 4:

Platz 4		
[20] Gehäuse in Folie verpacken	201	41
[19] Untere Schaumstoffeinlage in Karton einlegen	193	23
[21] Gehäuse in Karton verpacken	160	24
[22] Mittlere Schaumstoffeinlage einlegen	136	20
[23] Schlauch, Düsen, Gebrauchsanleitung und Zubehör einlegen	116	43
[24] Obere Schaumstoffeinlage einlegen	73	22
[25] Karton schließen und mit Klebeband zukleben	51	36
[26] Karton auf Palette ablegen	15	15
Summe P4		224

Für die jetzige Zuordnung können wir nun die neue Taktzeit ermitteln. Diese ist das Maximum aller 4 Platzbelegzeiten:

$$TZ = Max(237, 225, 223, 224) \ HM = 237 \ HM$$

Nun ist es möglich für jeden Platz die Taktbelegung und den sogenannten Taktausgleich zu bestimmen:

	Taktbelegung HM	Taktbelegung %	Taktausgleich HM	Taktausgleich %
Platz 1	237	100,00	0	0,00
Platz 2	225	94,94	12	5,06
Platz 3	223	94,09	14	5,91
Platz 4	224	94,51	13	5,49
Summe	909	95,89	39	4,11

Wir erhalten folgende Kennzahlen:

Summe Taktbelegung: TB_{Sum} = 909 HM

Taktzeit: TZ = 237 HM

Summe Taktausgleich: TA_{Sum} = 39 HM

Gesamtzeit: T_{Ges} = 948 HM

Bandwirkungsgrad: $\eta_{Band} = TB_{Sum} / T_{Ges} = 909 / 948 = 0,9589 = 95,89\%$

Im nächsten Schritt wollen wir versuchen, durch manuelles Verschieben die Taktung noch weiter zu verbessern. Hierzu betrachten wir nochmals den Vorranggrafen.

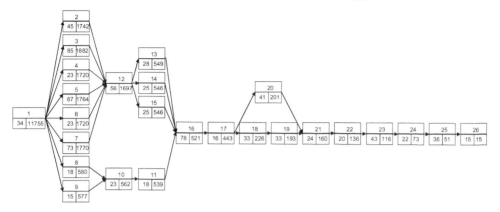

Bild 124: Vorranggraph

Wir sehen, dass die Tätigkeit 1 auf jeden Fall als erstes auszuführen ist. In der Folge können jedoch die Tätigkeiten 2 bis 9 völlig frei zugeteilt werden. Bei der ersten Zuteilung haben wir Tätigkeit 2 (Dauer 45 HM) aufgrund des Rangwertes (1742) als letzte Tätigkeit von Platz 1 zugeteilt. Die Tätigkeiten 4 und 9 dauern zusammen 23 + 15 = 38 HM. Dies gilt im übrigen auch für die Tätigkeiten 6 und 9 und 10 und 9. Wenn wir nun eines dieser Paare von Platz 2 auf Platz 1 und im Gegenzug die Tätigkeit 2 auf Platz 2 verschieben, so wird die Taktbelegung von Platz 1 um 7 HM geringer und die in Platz 2 um 7 HM größer. Wir erhalten folgende neue Belegung:

	Taktbelegung HM	Taktbelegung %	Taktausgleich HM	Taktausgleich %
Platz 1	230	99.14	7	3.02
Platz 2	232	100.00	0	0.00
Platz 3	223	96.12	14	6.03
Platz 4	224	96.55	13	5.60
Summe	909	97.95	34	3.59

Wir erhalten folgende neue Kennzahlen:

Summe Taktbelegung: $TB_{Sum} = 909$ HM

Taktzeit: $TZ = 232$ HM

Summe Taktausgleich: $TA_{Sum} = 34$ HM

Gesamtzeit: $T_{Ges} = 943$ HM

Bandwirkungsgrad: $\eta_{Band} = TB_{Sum} / T_{Ges} = 909 / 943 = 0{,}9795 = 97{,}95\%$

Dieses Ergebnis ist wohl kaum weiter zu verbessern.

Die Plätze 1 und 2 haben nach der Verschiebung von 4 und 9 folgende Tätigkeiten:

Platz 1		
[01] Gehäuse auf Montageträger auflegen	11755	34
[03] Motor in Gehäuse einbauen und anschließen	1882	85
[07] Kabelroller montieren und anschließen	1770	73
[04] Motorfilter anbringen	1720	23
[09] Dichtring für Beutelaufnahme einlegen	577	15
Summe P1		230

Platz 2		
[02] Zwei Räder an Gehäuse montieren	1742	45
[05] Gebläse in Gehäuse einbauen	1764	67
[06] Mikrofilter in Gehäuse einstecken	1720	23
[12] Motorabdeckung aufsetzen auf Gehäuse	1697	56
[08] Aufnahme für Staubbeutel einbauen	580	18
[10] Abdeckung für Beutelaufnahme anbringen	562	23
Summe P2		232

In der Grafik stellt sich das Ergebnis der Taktung wie folgt dar:

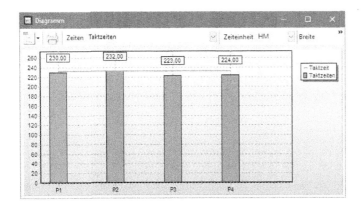

Bild 125: Grafische Darstellung des Taktergebnisses

9 Anhang

9.1 Gegenüberstellung der Ablaufarten und der Zeitarten

In der REFA-Methodenlehre / 2 / wird zwischen Ablaufarten und Zeitarten unterschieden.

Wobei die Definitionen wir folgt lauten:

Ablaufarten sind Bezeichnungen für das Zusammenwirken von Mensch und Betriebsmittel mit der Eingabe innerhalb bestimmter Ablaufabschnitte.

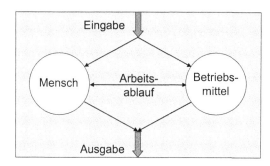

Unter „Eingabe" versteht man in diesem Zusammenhang alle Objekte, die für die Erfüllung der Arbeitsaufgabe verwendet werden.

Das können z.B. Rohstoffe, Halbfabrikate, Arbeitsanweisungen, Zeichnungen, Arbeitsplan oder Energie sein.

Bild 126: Das Arbeitssystem (nach REFA)

Bei REFA heißt es weiter:

Die Ablaufarten nennt man auch Zeitarten, wenn damit die Zeit eines Ablaufabschnitts näher gekennzeichnet ist.

Zeitarten sind also Ablaufarten mit Zeiten. Da aber bei der Ausführung der Ablaufarten zwangsläufig eine Zeit verstreicht, kann man auch sagen, dass Ablaufarten und Zeitarten ein und dasselbe sind.

Im folgenden werden die bei REFA beschriebenen Ablaufarten den entsprechenden Zeitarten zugeordnet.

Tabellarische Gegenüberstellung von Ablaufarten und Zeitarten

Ablaufarten für den Menschen

Ablaufarten			Bedeutung	Zeitarten	Bedeutung
M			Mensch		
MI			Mensch im Einsatz	te	Zeit je Einheit
	MT		Mensch Tätigkeit	tg, tt	Grundzeit, Tätigkeitszeit
		MH	Haupttätigkeit	th, thb, thu	Hauptzeit, beeinflussbar und unbeeinflussbar
		MN	Nebentätigkeit	tn, tnb, tnu	Nebenzeit, beeinflussbar und unbeeinflussbar
		MZ	zusätzliche Tätigkeit	tvs, Vsv, Vsk	sachliche Verteilzeiten
	MK		Unterbrechen der Tätigkeit		
		MA	ablaufbedingtes Unterbrechen	tw	Wartezeit
		MS	störungsbedingtes Unterbrechen	tvs, Vsv, Vsk	sachliche Verteilzeiten
		ME	Erholen (erholungsbedingtes Unterbrechen)	ter	Erholungszeit
		MP	persönlich bedingtes Unterbrechen	tvp	Verteilzeit persönlich
ML			außer Einsatz		
MR			Betriebsruhe		
MX			nicht erkennbar		

Auch für das Betriebsmittel gibt es die entsprechenden Ablaufarten:

Ablaufarten			Bedeutung	Zeitarten	Bedeutung
B			Betriebsmittel (BM)		
BI			BM im Einsatz	te	Zeit je Einheit
	BT		BM Nutzung	tg, tt	Grundzeit, Tätigkeitszeit
		BH	Hauptnutzung	th, thb, thu	Hauptzeit, beeinflussbar und unbeeinflussbar
		BN	Nebennutzung	tn, tnb, tnu	Nebenzeit, beeinflussbar und unbeeinflussbar
		BZ	zusätzliche Nutzung	tvs, Vsv, Vsk	sachliche Verteilzeiten
	BK		Unterbrechen der Nutzung		
		BA	ablaufbedingtes Unterbrechen	tb	Brachzeit
		BS	störungsbedingtes Unterbrechen	tvs, Vsv, Vsk	sachliche Verteilzeiten
		BE	Erholen (erholungsbedingtes Unterbrechen)	ter	Erholungszeit
		BP	persönlich bedingtes Unterbrechen	tvp	Verteilzeit persönlich
BL			außer Einsatz		
BR			Betriebsruhe		
BX			nicht erkennbar		

Neben diesen grundsätzlichen Ablaufarten werden bei REFA noch weitere Ablaufarten erwähnt, die im folgenden aufgelistet werden:

Ablaufarten	Bedeutung	Zeitarten	Bedeutung
R	Rüsten	trg, trer, trv	Rüsten und zugehörige Verteilzeiten
A	Ausführen	te, tg, tt, tw...	Zeit je Einheit, ...
B	beeinflussbar	tnb, thb	beeinflussbare Neben- und Hauptzeiten
U	unbeeinflussbar	tnb, thb	unbeeinflussbare Neben- und Hauptzeiten
MV	Mensch verrichten	th, tn	Haupt- und Nebentätigkeiten
MU	Mensch, Überwachen, Beobachten, Steuern	th, tn	Haupt- und Nebentätigkeiten
MG	Geistige Tätigkeit im engeren Sinne	th, tn	Haupt- und Nebentätigkeiten

Ablaufarten bezogen auf den Arbeitsgegenstand

Ablaufarten				Bedeutung
A				Arbeitsgegenstand
				Verändern
		AE		Einwirken
			AEF	Einwirken Formverändern
			AEZ	Einwirken Zustand verändern
		AF		Fördern
			AFH	Fördern, Lageverändern, Handhaben
			AFT	Fördern, Ortsverändern, Transportieren
		AZ		zusätzliches Verändern
	AP			Prüfen
				Liegen
		AA		ablaufbedingtes Liegen
		AS		zusätzliches (sonstiges) Liegen
	AL			Lagern
	AX			nicht erkennbar

Es fällt auf, dass es zu den Ablaufarten, bezogen auf den Arbeitsgegenstand, keine entsprechenden Zeitarten gibt.

Alles in allem zählen wir also ca. 50 Ablaufarten, denen insgesamt ca. 23 Zeitarten gegenüberstehen. Da insbesondere die Zeitarten wesentlich eindeutiger definiert und klarer gegliedert sind, kann man auf die Verwendung der Ablaufarten verzichten.

10 Literaturverzeichnis

/ 1 / wikipedia.org/wiki/Merkmal

/ 2 / REFA-Verband für Arbeitsstudien:
Methodenlehre der Betriebsorganisation
Teil Datenermittlung
München: Hanser Verlag 1997

/ 3 / Landau, Kurt (Herausgeber)
Lexikon Arbeitsgestaltung
Stuttgart: Gentner Verlag 2007

/ 4 / Fricke, Werner
Statistik in der Arbeitsorganisation
Hanser Verlag 2005

/ 5 / Autorenteam REFA
REFA Kompakt – Grundausbildung 2.0 Band 1 und 2
Fachbuchreihe Industrial Engineering
REFA-Bestellnummer 198251/1
Darmstadt: REFA 2013

/ 6 / Bokranz, Rainer; Landau, Kurt
Produktivitätsmanagement von Arbeitssystemen
Schäffer-Poeschel Verlag, Stuttgart, 2006

/ 7 / Lehmann. G.:
Praktische Arbeitsphysiologie. - 2. Aufl. -
Stuttgart : Thieme, 1962

11 Stichwortverzeichnis